Klaus Bernarding

MACADAM

*Vom kleinen Grenzverkehr
mit den Nachbarn im Westen*

CONTE *belletristik*

Meinem Freund und Gönner Karl-Heinz Schäffner gewidmet.

Bibliografische Information der Deutschen Nationalbibliothek
Die Deutsche Nationalbibliothek verzeichnet diese Publikation in der
Deutschen Nationalbibliografie; detaillierte bibliografische
Daten sind im Internet über http://dnb.d-nb.de abrufbar.

ISBN 978-3-941657-36-6

Das Werk einschließlich aller seiner Teile ist urheberrechtlich geschützt.
Jede Verwertung ist ohne Zustimmung des Verlags unzulässig. Dies gilt
insbesondere für Vervielfältigungen, Übersetzungen, Mikroverfilmungen
und die Einspeicherung und Verarbeitung in elektronischen Systemen.

© Klaus Bernarding, 2011
© CONTE Verlag GmbH, 2011
Am Ludwigsberg 80-84
66113 Saarbrücken
Tel: (06 81) 4 16 24-28
Fax: (06 81) 4 16 24-44
E-Mail: info@conte-verlag.de
Verlagsinformationen im Internet unter www.conte-verlag.de

Lektorat:	Simon Scharf
Umschlag und Satz:	Markus Dawo
Umschlagfotos:	istockphoto.com/bunhill *(Titelfoto)*,
	Markus Dawo *(Portrait des Autors)*
Druck und Bindung:	PRISMA Verlagsdruckerei GmbH, Saarbrücken

INHALT

Drüben
- Der Nussbaum 9
- Das Los 16
- Das Patronatsfest 22
- Maries Erbe 30
- Die Querrinne 36
- Das Siphon 41
- Der Zaun 46
- Das Loch 50
- Die Lieferung 57
- Mignon 62
- Ein Freund des Hauses 67
- Im Postamt 73
- Das Geschenk 79
- Moitié-Moitié, Halbe-Halbe 86
- Die Widmung 91
- Macadam 96

Hüben
- Krieg der Wörter 113
- Die Zeitung 118
- Demeter 123
- Le Mondial – Ein Nachruf 131
- Le Mondial – Erinnerungen an 2002 136
- Ein Zwischen-Fall 141
- Als Autor zwischen Deutschland und Frankreich ... 150

DRÜBEN

DER NUSSBAUM

Marie war die Tochter eines gutsituierten Bäckers aus einem der Nachbardörfer. Aber sie sei sich wie ein Findelkind vorgekommen, als ihr Vater nach dem frühen Tod der Mutter wieder geheiratet hatte – ein Findelkind, das dennoch ein Leben lang stolz auf die Herkunft aus eben dieser Familie geblieben ist.

Die junge Marie hatte im Zweiten Weltkrieg die schnatzen Uniformen der deutschen Besatzer bewundert, vor allem deren blank geputzte Stiefel. Das hatte sie uns, ihren deutschen Nachbarn, freimütig erzählt. Sie, ein Urgewächs dieser Gegend: klein gewachsen, rundlich und stämmig. All die Jahre hindurch war sie uns eine gute Freundin geblieben. Über ihre bloßen Beine und Füße, die Lehmbrocken an ihren Schuhen, sahen wir gerne hinweg. Fließendes Wasser benutzte sie nur, so schien es, zur Toilette vor Feiertagen und zum Kochen für sich und ihren Marcel, den Mann aus später Ehe. Natürlich pumpte sie auch Wasser aus dem Pütz ihres Gartens, sobald es für ihr Gemüse notwendig erschien.

Was den Gesprächspartner anzog, war ihr freundlich-fröhlicher, manchmal listig-liebevoller Blick, den sie auf Menschen und Dinge warf und den Mund öffnete, um klassische Verse aus der Schule zu plaudern oder Sprichwörtliches witzig zu Fall zu bringen. So rächte es sich noch im Alter, dass man sie als Jugendliche in eine Klosterschule in Verdun gesteckt hatte. Mit der neuen Mutter sei für sie kein Platz mehr im

Haus gewesen, sagte sie zu uns, den deutschen Leih-Dörflern, die aus der Stadt kamen und durchaus Verständnis für Randständiges hatten – anders als manche ihrer Nachbarn im Dorf.

Regelmäßig wie die Glocken vom Turm der Dorfkirche klang ihre Stimme die Dorfstraße herauf, wenn sie an der *Camionnette* beim Bäcker oder Fleischer einkaufte oder sich mit der Postbotin, einer Verwandten aus dem Nachbardorf, lauthals über Gott, die Welt und eine ihrer Nachbarinnen unterhielt. So gelangte manche Neuigkeit auf drahtlosem Wege bis zu uns hinauf ins letzte Haus der Dorfstraße. Ihre Stimmlage verriet jedes Mal etwas über ihre Seelenlage. Allzu launisch war Marie jedoch nicht – zumindest nicht, solange sie nicht von einer ihrer verwitweten Nachbarinnen ›beleidigt‹ worden war. Dann geriet sie über so viel Unverschämtheit leicht aus der Fassung und legte uns danach ihre Ansicht der Dinge dar. Denn wir seien deutsch und jünger und lange nicht so verbohrt wie diese alten Frauen! Oder hatte sie gesagt: »Noch nicht so verbohrt«, *pas encore*, wie ich glaubte, herausgehört zu haben? Bei den beiden Deutschen habe sie sowieso einen Stein im Brett, schlossen die Leute im Dorf aus ihrem Umgang mit ihnen; allein schon, weil sie die Schlüssel zu deren Haus und Garten in ihrer Küche aufbewahrte.

Im Laufe der Zeit hatte Marie bei uns eine besondere Aufgabe übernommen: Sie beobachtete und bewachte das ganze Jahr über unseren Nussbaum. Dieser war seit langem das Wahrzeichen des Oberdorfs. Beim Aufwachsen musste der junge Nussbaum von dem neben ihm stehenden, starken Kirschbaum allmählich weggedrückt worden sein. Jetzt, alleine und schräg stehend, ragte er mit seiner Krone bis in die Mitte der Straße. Im Frühjahr öffneten sich deren Knospen zu einem riesigen Blattgewand. Im Frühsommer war er mit dicken grünen Früchten bestückt, die man um *Madeleine* herum – Ende

Juli – pflücken, in klaren Alkohol einlegen und in Likör verwandeln konnte.

Aber lieber wartete man bis zur Ernte im September. Dann spendete er seinen reichlichen Rest an Nüssen für den Winter. »Eure Nüsse sind viel dicker und schöner als meine!«, pflegte Marie zu sagen. Jedes Jahr aufs Neue. Wir merkten, dass ihr der Satz gar nicht leicht fiel, besaß sie doch den Hang hinauf selbst einen kleinen Wald an Nussbäumen. »Wirklich, meine sind mickriger!«, fügte sie hinzu – aber nur, wenn sie gut gelaunt war.

Im Frühherbst schloss Marie ein unsichtbares Gitter um unseren Nussbaum. Leider warf er auch einen Teil seiner wohlschmeckenden Früchte auf die Straße. Sie schaute den Nussbaum hin und wieder prüfend an, wenn sie ihn passierte, um in ihren Garten oder ›Park‹ hinauf zu gehen – vorbei am Denkmal, das 1944 zum Dank für die Befreiung der Dorfbewohner aus Nazi-Geiselhaft errichtet und der Jungfrau Maria geweiht worden war; eines von vier gleichen, in Beton gearbeiteten Monumenten, in noch drei weiteren umliegenden Dörfern. Der Schutz und die Fürsprache Mariens beim Lieben Gott hatte sich gelohnt. Die Bewohner waren der Rache deutscher Wehrmachtsangehöriger entgangen.

Manchmal nickte Marie beim Vorübergehen zufrieden, als habe sie heuer diese überreiche Ernte erwartet, manchmal blickte sie über die Schulter zurück, ob sich nicht einer dieser bösen Buben heranschliche, um die heruntergefallenen Nüsse einzusacken oder andere vom Baume zu schlagen. Marie wusste genau Bescheid. Deshalb machte sie in der Erntezeit zusätzlich einen Gang am späten Nachmittag. Denn um diese Zeit kämen die Kinder aus der Schule. Und dann wäre keine Nuss vor ihnen sicher. Zu diesem Zweck setzte sie sich auf den schweren Kalkstein unter dem Baum, um die ›Strolche‹ im Auge zu behalten. Ihre Augen waren jung geblieben, obwohl sie mit zunehmendem Alter immer mehr fernsah und zur Lektüre der Zeitung vom Vortage, die ihr die Nachbarin, die ehemalige Dorfschullehrerin, überlassen hatte, zunehmend mehr Zeit brauchte.

Die Buben! *Les gamins! Les voyous!* Diese Spitzbuben seien immer frech zu ihr, beklagte sie sich, und gingen zuallererst an unseren Nussbaum und erst dann an die anderen, wenn bei unserem, dem deutschen, nichts mehr zu holen wäre. Da sei der heilige Hubert vor! Nur, der würde sich erst nach dem 3. November, seinem Fest, um solche Angelegenheiten kümmern, was natürlich viel zu spät sei im Jahr. Um diese Zeit seien die Äcker, die Bungerten und Wingerten bereits abgeerntet, die Brunnen winterfest gemacht und Fenster und Türen vor aufkommender Nässe und Nebel geschlossen. Marie war eine Heidin, und es war kein Wunder, dass sie nicht wirklich an den Schutz des heiligen Hubert glaubte. In die Sonntagsmesse ging sie schon lange nicht mehr, in die Kirche nur zu Hochzeiten und Kindtaufen, vor allem dann, wenn die Kindtaufe der Hochzeit des Paares längst vorausgegangen war.

Eines Tages, im heißesten Sommer seit Menschengedenken im Jahre 2003, sagte sie zu uns – wir saßen im Schatten der Terrasse – wie aus dem Nichts heraus: »Der Nussbaum stirbt!« *Voyez, le noyer va mourir!* Sie hatte nicht »euer Nussbaum« gesagt, sondern »der Nussbaum«, so, als gehöre er allen Bewohnern des Oberdorfs. Und es klang wie eine unumstößliche Feststellung.

Nachdem sie heim getippelt war, schauten wir nach am Stamm, an den Ästen, den Zweigen, dem dichten Blattwerk und den noch grünen Früchten, ob sich Anzeichen eines nahen Todes entdecken ließen. Vielleicht die Tatsache, dass der Baum dieses Mal nicht so in vollem Saft stand wie beim letzten Mal? Eine Folge der ungewöhnlichen Hitze und Trockenheit?

Aufmerksam geworden glaubten wir im folgenden Jahr, seine Schatten seien doch dünner geworden, wenn auch kaum wahrnehmbar. Doch den Nüssen merkte man nichts an. Sie waren nach wie vor bei Freunden begehrt und schmeckten diesmal wohl noch besser als im vergangenen Jahr. Ich sagte zu Marie: »Schau her, sie sind die prächtigsten im Dorf und sie schmecken vortrefflich, wie du weißt.« Das mit dem Schmecken von Nüssen war ihre Sache nicht, denn sie besaß nur noch den linken oberen Eckzahn. Marie ließ sich dadurch nicht beirren: »Mag sein, aber ich täusche mich nicht!« Und sie bückte sich, griff schnell nach den Nüssen im Gras und denen auf dem Asphalt und ließ sie in die aufgehaltene Kittelschürze fallen.

Im nächsten Jahr zeigten sich am Nussbaum erste Schadstellen. Die Rinde hatte sich hier und da gelockert oder abgelöst, die Wurzeln des mächtigen Baumes schienen nicht mehr das Wasser zu erreichen, das unterirdisch den Berghang hinabfloss. Seine Adern seien zu löchrig geworden, um das Wasser noch bis in die Zweige aufsteigen zu lassen, versuchten wir uns die Tatsache zu erklären, dass die Baumspitze so dünnblättrig geblieben war. Sollte Marie doch Recht gehabt haben? Wir erhofften uns insgeheim das Gegenteil. Marie, bei näherem Hinschauen ein bisschen wackliger geworden, sagte jetzt nichts mehr zum Thema Nussbaum, nickte aber traurig, sobald wir darauf zu sprechen kamen.

Wieder war ein Jahr übers Land gegangen. Immer öfter saß Marie nun zum Ausruhen auf dem grauen Kalkstein unter dem Baum. Dieser warf keine fülligen Schatten mehr, nur noch die rundlichen seines Astwerks – hingekritzelte Linien. Und Marie bewegte sich heuer langsamer fort als sonst, hier und da wie blindlings, gestützt auf ihren Stock. Den Stock hatten wir ihr letztes Jahr zwar als ein Geschenk überreicht, aber sie hatte darin eher ein Übel gesehen und es abgewehrt: Soweit sei es noch nicht mit ihr!

Vom Nussbaum redeten wir nicht mehr. Wie in einer geheimen Absprache schwiegen wir – aus Furcht, die Sprache hole das Unabänderliche aus dem Verborgenen hervor. Dennoch schaute ich – als ich mich unbeobachtet fühlte – nach und entdeckte am unteren Rand des Stammes, da, wo er den Grasboden berührte, Teile einer morschen Rinde, die bei meinem Versuch, sie abzubrechen, immer größer wurden und einen schwärzlichen Stamm entblößten. Kolonien von Schwämmen hatten sich im Umkreis gebildet. Ohne Marie zu fragen, baten wir erfahrene Nachbarn herbei. Sie waren sich schnell einig: Es seien schon zwei von drei der kräftigsten Wurzeln abgefault. Was tun? Wir wollten ihn nicht gleich aufgeben, teerten ihn, umwickelten ihn, umkränzten ihn mit Schotter und hofften, dass er am Leben bliebe.

Aber der Baum erholte sich nicht mehr, sondern umgab sich an seinem Fuß mit einem dicken Ring aus Flechten und Pilzen. Nun drohte eine weitere Gefahr. Der Baum könnte während der Herbststürme umkippen und quer über die Straße stürzen! Dennoch sollte er in einem letzten Versuch über Winter stehen bleiben.

Ein zweckloser Versuch, wie sich später herausstellen würde. Denn im nächsten Sommer stand der Nussbaum saft- und kraftlos herum – ein Todgeweihter. Keine Blütenschwänze mehr im Frühjahr, keine kühlenden Schatten im Sommer, keine aufgeplatzten Schalen, keine Nüsse, die im September über die Straße kullerten, oder Laub, das im Oktober so wohlriechend umhergeweht wurde.

Und keine wachsame Marie mehr.
Marie und der Nussbaum waren sehr müde geworden.

Dann, Mitte November des gleichen Jahres 2006, nicht lange nach dem Fest des heiligen Hubert, erreichte uns in Deutschland der Anruf eines Nachbarn, dass Marie morgens gestorben sei! Zu plötzlich für uns! Viel zu früh!

Seitdem liegt sie auf dem kleinen Kirchhof des Dorfes. Der tote Baum steht immer noch.

Nächstes Frühjahr soll die Axt an seine Wurzeln gelegt werden. Von jungen Arbeitern.

DAS LOS

Marie verstand nicht viel von Politik und Literatur. Das erledige, behauptete sie, der französische Staat für sie, unter der Führung des Präsidenten der Republik! Ihm schien sie einigermaßen Vertrauen entgegenzubringen, per télévision. Wenig übrig hatte sie für die Parlamentarier in der Pariser Nationalversammlung, noch weniger für die Abgeordneten in Bar-le-Duc, der Hauptstadt ihres Départements Meuse, am wenigsten für die Ratsmitglieder in ihrer Kantonsstadt, von denen sie einige persönlich kannte.

Um die Politik auf der unteren Ebene richtig einschätzen zu können, hatte sie ihren Marcel gehabt, ein Witwer mit zwei kleinen Töchtern. Ihn hatte Marie, zu der Zeit bereits ein altes Mädchen, geheiratet. Oder war es umgekehrt? Jedenfalls war sie eine gute Partie: dadurch, dass sie ein solides Haus, *maison de maître*, und viel umliegendes Land und Bauland, *terrain et terrain constructible*, besaß.

Als wir, die deutschen Nachbarn, Marcel kennengelernt hatten, war er bereits Rentner und nicht ohne, was Geschichte und Politik der ehemaligen *Grande Nation* anbelangte. Da seien die Bourbonen vor! Bei Gelegenheit auch Napoleon Bonaparte oder Charles de Gaulle! Im Übrigen hatte Marcel mir gegenüber einmal auf die Frage, wer denn der größte Feind Frankreichs gewesen sei, geantwortet: »England«. Und obwohl ich glaubte, den Erbfeind Deutschland im Blick, dies bezweifeln zu müssen, behielt ich seine Antwort über Jahre hinweg im

Sinn. Sollte sie für einen Deutschen nur versöhnlich geklungen oder sogar der Wahrheit entsprochen haben?*

Für Marcels Politikverständnis war, wie sich in vielen Gesprächen herausstellen sollte, jedoch die eigene Erfahrung im Zweiten Weltkrieg maßgebend, an dem er als junger Mann teilgenommen hatte. In Österreich sei er in Gefangenschaft geraten. Dort hätte es, erzählte er, die schönsten Mädchen der Welt gegeben: jung, blond, mit roten Backen und blauem Rüschenrock. Oder waren es Faltenröcke? Und manchmal hätten er oder einer seiner Kameraden sogar Erfolg gehabt mit der einladenden Frage: »*Voulez-vous coucher avec moi?*«

An dieser Stelle seiner Erzählung setzte Marie gern eine Miene auf, die ihre Größzügigkeit gegenüber solcher Anmache zeigen sollte. Und das gelang ihr meistens.

Mit Maries Verständnis von Literatur verhielt es sich anders. Sie war in einer katholischen, von Nonnen geleiteten Internatsschule in Verdun in die Grundzüge der französischen Literatur eingeführt worden. Spuren dieser Bildung, mehr noch, ganze Teile dieses Kanons, traten im gediegenen Alter wieder hervor, sei es in Gesprächen auf unserer steinernen Bank vor dem Haus, auf der Terrasse im Garten oder während eines Spaziergangs durch ihren Obstpark. So hat es bestimmt zu unserer Freundschaft beigetragen, dass ich viel mit Büchern umging, auch neuere französische Autoren und deren Bücher kannte. Was sie nicht wissen konnte, es auch nicht wissen wollte: Wie es zum Erwerb meines Wissen in der Nachkriegszeit gekommen war, als französische Schulbeamte uns mehr oder weniger ahnungslose Schüler mit Hilfe deutscher Lehrer unter Druck und mit dem Stock zwangen, die Sprache der Besatzer zu erlernen, *obligatoirement, forcément!* Mit den bekannten Folgen. Da bereinigte nicht einmal das schöne Lied *Mon beau sapin, roi*

---

* Man denke an den Hundertjährigen Krieg.

des forêts, Oh Tannenbaum, bereits im Spätsommer gesungen, die Situation.

Das mit ihrem Verständnis von Literatur war so eine Sache. Sie hatte sich nach der Schule nicht mehr damit beschäftigt. Hie und da blitzte aber im Gespräch ein erstaunliches Wissen auf. So zitierte sie im Herbst plötzlich auf unserer Terrasse die ganze Fabel *La cigale et la fourmi*[*]. Oder sie bestach mit einem Wortspiel, auf das selbst einer ihrer Landsleute nicht ohne Weiteres gekommen wäre.

Vom Leben verstand Marie umso mehr. Auch vom Leben ihres wilden Hundes, »Caporal« genannt, einem weißschwarzen Hirtenhund, der sommers wie winters angekettet vor ihrer Remise lag und jedes andere Lebewesen, das in seine Nähe geriet, heftig anbellte. Jetzt, wo sie älter geworden war und Marcel sie nach einem Aufenthalt im Hospital für immer verlassen hatte und der Caporal seinem Alter erlegen war, umgab sie sich mit Katzen. Die älteste nannte sie »Minette«; die aus ihr mit wechselnden Partnern hervorgegangenen Kätzchen hießen bei ihr ebenfalls »Minettes«; oder sie blieben namenlos, waren aber stets um sie geschart und kamen gut miteinander aus.

Nach dem Tode Marcels hielt sie sich gerne an eine der beiden angeheirateten Töchter, am liebsten an Chantal. Die Jüngere sei schwierig, sagte sie, behindert, aber von zu Hause geflüchtet. Marie war in letzter Zeit sichtlich älter geworden. Das war ihr anzusehen, sobald sie mit der kleinen Ernte aus ihrem Garten vorbeikam. Frisches und Knackiges wie früher trug sie nicht mehr in ihrer Kittelschürze nach Hause. Was ihr noch in die Hände fiel, erschien von Mal zu Mal trockener, mickriger. »So ist das Leben«, sagte sie und setzte sich auf die Bank vor unserem Haus.

---

[*] *Die Grille und die Ameise* von Jean de la Fontaine

Anders war es mit ihrem reichlichen Obst. Der Verkauf brachte Abwechslung in ihren eintönig gewordenen Alltag und Bargeld ins Portemonnaie, insbesondere, wenn sie ihre mobile Boutique, bestehend aus Tisch, Stuhl, Kasse und den Kästen mit dem Obst am Rande der Landstraße im unteren Dorf aufgebaut hatte und kluge Reden mit den fremden Kunden führte. Eine gute Saison erlaubte ihr, dort Erdbeeren, Kirschen, Mirabellen, Äpfel, Birnen und Nüsse zu verkaufen, alles schön der Reihe ihrer Reife nach, wie es die Äcker und Wiesen hergaben. Sie war nicht die Ärmste im Dorf.

Regelmäßig fuhren die beiden, Stiefmutter und Tochter, die in einer der Käsefabriken der Gegend arbeitete, jetzt an Sonntagen zum Essen in ein Restaurant oder zur Kirmes in eines der nahe gelegenen Dörfer. Sie genossen die kleinen Feste, die unter dem Schutz ihrer Kirchenpatrone stattfanden. Neulich hatte sie mit einem einzigen Los den Hauptgewinn in Jaulny, einer uralten Burgsiedlung, gewonnen – ein elektrisches Barbecue, *barbe-cü* ausgesprochen, was sich im Französischen anhört, als handele es sich um den Arsch, *cul*, einer Barbe ..., die sich von der westindischen Insel Barbacao auf den langen Weg zu ihr gemacht hätte.

Nur, was anstellen mit diesem komplizierten Gerät, wenn man nie im Leben eine Einladung zum Barbecue ausgesprochen hat, nicht einmal weiß, wie mit dem Ding umzugehen ist? Und auch in Zukunft – die ja abnimmt! – nicht viel damit anfangen kann?

Für andere ältere Menschen mag das ein Problem sein, für Marie war es das nicht. Sie stellte das Gerät zu den tausend Gegenständen, Geschenken und Gewinnen in ihrer Wohnung ab. Da sei noch Platz *en masse*, sagte sie, besonders seit Marcel nicht mehr am Leben war. Da Marcel zum Werkeln ebenfalls noch Platz gebraucht hatte, wäre das Weitersammeln für sie gar nicht so einfach gewesen. Jetzt sei das anders. Und sie hatte das Glück, bei jeder Gelegenheit etwas dazu zu gewinnen. Die Gunst des Schicksals hatte sie, Marie, ausgesucht. Bei ihr sollten sich die Geschenke ein ewiges Stelldichein geben.

Und die nächste Gelegenheit blieb nicht lange aus. Diesmal kam das Glück nicht durch Rubbel-Lose hereinspaziert, sondern entsprang der Tombola des *Grand Espace Leclerc* in Jarny. Mit Cora, Champion und Les Trois Mousquetiers spielt es in der Oberliga der französischen Handelshäuser. Immer mehr Naturlandschaften fallen ihnen zum Opfer. Das war Marie egal, solange man in deren Restaurants eine preiswerte Mahlzeit einnehmen konnte. Die Mahlzeit musste jedoch ihren Preis wert sein. Sonst wurde Marie böse.

Diesmal bestand der Gewinn aus einem Buch über den Leutnant Henri-Alban Fournier, 1886 geboren, den im September 1914 auf den nahen Höhen der Eparges mit zwanzig seiner Leute verschwundenen Autor des Romans *Le Grand Meaulnes*, einem Bestseller im letzten Vorkriegsjahr. Es schien, als sei mit diesem Buch das Frankreich der ländlichen Idylle zu Ende gegangen. Und gleichzeitig mit den ersten Gefechten und späteren Schlachten auch die anfängliche Begeisterung für das Kriegsspielen. Ein allgemeines Grauen hatte sich wie ein Leichentuch darübergelegt.

Den offiziell auf einen Schlag gefallenen einundzwanzig französischen Soldaten hatte man bald nach dem Kriege ein hölzernes Erinnerungskreuz auf einem Sockel in dem hart umkämpften Waldgelände Les Eparges errichtet. Da man die Leichen nie gefunden hatte, galt die Stelle des Denkmals als der wahrscheinliche Ort ihres gemeinsamen Todes.

Im Buch wird ausführlich von der Entdeckung berichtet. Erst vor einiger Zeit, siebzig Jahre nach dem Ereignis, hatte man die Gefallenen entdeckt. So sei es, dank intensiver Forschungen in den französischen und deutschen Kriegsarchiven, gelungen, den zugeschütteten Graben, in dem die toten Soldaten nebeneinander lagen, freizulegen. Einige von ihnen seien offensichtlich als Verwundete nachträglich durch Kopfschüsse getötet worden. Die Genfer Konvention war während dieser grausamen Zeit verblasst.*

Marie, deren literarische Bildung wohl durch das Buch einen Schub der Erinnerung abbekommen hatte, war stolz auf diesen Gewinn, zeigte er doch, dass die Glücksgöttin Fortuna sie für würdig gehalten hatte, ein solch prächtiges Exemplar zu erhalten. Noch vor dem Abendbrot kam sie herauf zu mir, dem Deutschen, und sagte stolz: »Da, Herr Literat, ein Geschenk für Sie zum Lesen!«

Der Herr Literat freute sich über das Geschenk, las darin ihm Bekanntes und Unbekanntes, machte sich Notizen und stellte das Buch auf den Kamin. Hatte er sich zu früh gefreut? Denn eines Tages, als Marie wieder zu Besuch gekommen war, entdeckte sie ihren Losgewinn aus der Tombola auf dem Kaminsims, freute sich, zog das Buch an sich und klemmte es unter den Arm. Sie fragte, ob es dem Herrn Literaten auch gefallen habe? Als der bejahte, sagte sie, dann könne sie das Buch wieder nach Hause mitnehmen; er habe ja Bücher genug.

Und der Herr Literat, für eine kleine Weile Besitzer des Werkes, war nicht einmal verdutzt. Denn ihm fiel sofort ein, dass Marie nichts mehr liebte, als solche Gegenstände bei sich zu horten: Erst der Besitz mache den Menschen reich.

---

* Die Stelle ist inzwischen als Gedenkstätte aufgearbeitet worden.

DAS PATRONATSFEST

Es hätte nicht des Geläuts der Glocken aus der Dorfkirche bedurft, um mich daran zu erinnern, dass es nun an der Zeit war, aufzubrechen. Ich hatte mir vorgenommen, ihrem Ruf an diesem besonderen Tag zu folgen. Vor allem im Sommer dienten ihre Schläge an Werktagen dazu, die Arbeit im Garten zu gliedern: Um sieben morgens zu wecken, um zwölf Uhr mittags ans Essen zu erinnern, um zwanzig vor sieben abends, mit dem Angelus darauf hinzuweisen, dass wiederum ein Tag in unserem Leben zu Ende ging, und nicht nur ein Tag im Jahr, sondern irgendwann auch das ganze Leben.

Zuvor wollte ich auf dem Kirchhof das Grab von Marie, der verstorbenen Nachbarin, besuchen, um ihr symbolisch einen guten Tag zu wünschen, *dire bonjour*. Das hatte sie jahrelang getan, wenn sie an unserem Haus vorbeiging in ihren oberhalb gelegenen Garten und uns auf dem Rückweg wie eine Göttin der Fruchtbarkeit mit frischem Gemüse beschenkte, wozu sie selten einen Korb, meist ihre Schürze, zu einer Schale umgeformt, benutzte. Zugegeben, in ihrer letzten Zeit hatte die Fruchtbarkeit abgenommen und gegen Ende fiel ihr tägliches Reinschauen bei uns zu lange, ihre Ratschläge bei unseren Arbeiten im Garten zu häufig aus. Dann saß sie auf der Terrasse, funkte mit ihren kurzen Kommentaren in unsere Arbeit hinein und bedauerte ein übers andere Mal, zu spät zu ihrem *cassecroûte* zu kommen, ohne dass sie Anstalten gemacht hätte aufzubrechen. Marie war alt geworden.

Seit ein paar Jahren liegt sie nun bei ihrem Marcel unter einem teuren Grabstein. Marcel hatte nicht allzu lange auf seine Marie warten müssen. Jetzt deckt die polierte Platte einige Phasen ihrer beider Leben ab, das nicht so glatt verlaufen war wie die Politur glauben machen könnte. Aber die schwere Platte hält dicht. Und das Grab in der Nähe des Eingangs ist eine Zierde des Friedhofs, so als spiegele sich in der Ausstattung ihrer Begräbnisstätte noch etwas von dem Reichtum an Ländereien wider, die Marie in ihre späte Ehe eingebracht hatte.

Nun war es so weit. Die Glocken hatten zuhauf zur Messe am Patronatsfest geläutet. Als ich die raue Eichentüre der Kirche aufdrückte, stieß ich auf eine Menschenwand in Schwarz, mit den paar bunten Tupfern an den Frauen, die vorbeteten und -sangen. Die allgemein dunkle Kleidung entsprach dem heutigen Anlass. Man feierte den heiligen Hubertus, *Saint Hubert*. Seien wir gnädig: Man tat im Schutze der Allgemeinheit so, als feierte man zu Ehren des Heiligen. Zudem entsprach das Schwarz, das sich bei näherem Hinsehen als Dunkelgrau oder Dunkelgrün herausstellte, der Jahreszeit – Anfang November. Die Natur wurde dadurch eher nachgeahmt, als mit den paar Farbtupfern herausgefordert. Sie schien jedoch gebeten zu werden, diesen armen geplagten Wesen, denen die Unsterblichkeit versprochen wurde, Licht zu spenden. Auch ohne die Hilfe der Natur wussten die Versammelten, wie es um sie stand. Das Einzige, was ihnen einleuchtete, war ihre Ohnmacht in vielen Fällen des Lebens – und dies im Lande der klassischen Aufklärung! Wie steht es mit der Forderung nach dem Aufbruch aus der selbstverschuldeten Unmündigkeit in dieser gottverlassenen Gegend? Nicht doch ein Selbstbetrug?

Da ich ein paar Minuten zu spät gekommen war – jemand las gerade die Epistel vor – bewegte ich mich auf der rechten Seite nach vorne. Im Seitengang, ganz in der Nähe des Ofens, blieb ich stehen und versuchte, als unauffälliger Teilnehmer am

Gottesdienst nicht in Erscheinung zu treten. Das gelang mir am ehesten, sobald ich mich an meine Kindheit und frühe Jugend erinnerte: *Introibo ad altarem Dei, ad Deum qui laetificat juventutem meam!* Ob Gott, der Herr, jemals meine Jugend erfreut hatte? Ich bezweifelte es bereits, als ich zum Parcours meines Lebens angetreten war. Und ich sollte recht behalten. Es gab erfreulichere Jugenden als die meinige nach dem totalen Endsieg am 8. Mai 1945. Aber auch schrecklichere, musste ich mir eingestehen. Inzwischen war ich älter als mein Vater, der nach Ende des Krieges aus russischer Gefangenschaft zurückgekehrt war, älter, als er es je geworden ist.

In der Nacht war es ziemlich kalt gewesen, am Morgen nieselig und nebelig. Eben lothringer Wetter! Das Kaminfeuer im alten Landhaus hatte Feuchtigkeit und Nässe nur zum Teil aufgesogen; diese hatten sich im Laufe einer ganzen Woche angesammelt. Aber ich hatte inzwischen gelernt, mit Fragmentarischem auszukommen und mich selbst nur als Fragment eines erdachten Ganzen zu betrachten. Dieses Ganze war kaum vorstellbar, obwohl es von Nachdenkenden seit Alters her so angenommen wurde. Wieviele Lebewesen aber haben sich auf die Suche nach dem Vollendeten begeben? Dabei soll der gekreuzigte Nazarener noch im Sterben ausgesprochen haben: Nun sei es vollendet, *consommé*, wie es im Französischen heißt: »die Summe gezogen«. Beenden wir an dieser Stelle lieber den uralten Streit und beugen die Knie, wozu der Pfarrer die Gemeinde gerade aufgerufen hat, *flectamus genua!*

Ich hatte in der Nähe des hohen Ofens Stellung bezogen und hoffte auf dessen wirksame Wärme. Es handelte sich, den gewundenen Rippen folgend, um einen Gasofen. Bei der allmählich hochkriechenden Kälte im Raum würde der Ofen der *paroisse*, den Mehr-Oder-Weniger-Gläubigen eine Wohltat vermitteln, sie mit irdischen Wohlgefühlen übergießen. Hinzu kam die Vorstellung, nach der Messe in der ehemaligen Dorfschule den Ehrenwein, *vin d'honneur* zu trinken, von der Gemeindeverwaltung spendiert, einen *chardonnay mousseux*, zweckmäßig im Pappbecher, weil dicht gedrängt im alten Schulsaal, vom Bürgermeister serviert. Marie, die Gottlose selig, hatte ihn gern als *vin d'horreur*, Schreckenswein, bezeichnet.

Während ich weiterhin stumm, mal sitzend, kniend oder stehend, aufmerksam dem Gang des Messopfers folgte, kam mir der Verdacht, der Gasofen, zentraler Wärmespender, sei entweder nicht eingeschaltet oder zwischenzeitlich abgeschaltet worden; vielleicht sind die Flaschen bei der Länge dieser Opferhandlung einfach leergelaufen? Auskunft darüber hätte mir allenthalben Monsieur Vannier geben können. Der große verlässliche Mann, Beigeordneter im Kantonsrat, stand, so hatte ich beim Hineingehen bemerkt, unter der Empore. Dort befand sich auch das kleine Nervenzentrum der Kirche: Uhr, Glocken, Licht.

Man würde sehen! Die sichtbaren Dinge verliefen so, wie man sich den Verlauf eines Hochamts am Fest des heiligen Hubertus vorzustellen hat. Ein von Altersschwäche arg gerupfter Frauenchor intonierte, was auf den losen Blättern stand. Das gelang ihnen so angestrengt schön, dass die Missgriffe des Spielers auf dem Harmonium wieder aufgehoben wurden. Aber auch das Instrument schien unter der Kälte und Nässe zu leiden und sich mit schrägen Tönen gegen Fremdeinflüsse zu wehren. Ein gewisser Eifer der Beteiligten war nicht zu überhören und übersprang alle Lücken. Das Kirchenlatein des Mittelalters, das sonstwo zwischen Vorhalle, Mittel- und Seitenschiffen, der Vierung, dem Querhaus und Chorraum einer Kathedrale klangvoll vermittelt wurde, erzeugte in der kleinen Dorfkirche noch den Eindruck des Ursprünglichen, mag es noch so schrill und schief dahergekommen sein. Es fand sich in Abschnitten zu einer tröstlichen Einheit zusammen. In der Tiefe räkelt sich althergebrachte Wahrheit. Vielleicht.

Eine Besonderheit sei erwähnt. Das Fest des heiligen Hubertus ging niemals ohne Tamtam ab, weder an der Maas noch in den Ardennen. Es war dies kein kurz angeschlagenes Tamtam, sondern ein mit kräftigem Atem angesetztes *tatü-tam-tamtü* aus einem Dutzend Trompeten und Tuben, Trommeln und Posaunen: ein Schallstoß, der die Mauern von Jericho zum Einsturz gebracht hätte. Dabei handelte es sich vor Ort nur um die Wände und das Tonnengewölbe der Eglise Saint-Hubert, im Ersten Weltkrieg zerstört und danach wieder aufgebaut. Die Mauern der Kirche blieben stehen, fielen dem anstürmenden Schall nicht zum Opfer.

Was würde mein Großvater-selig fühlen, denken, wenn er diese Blasmusik, die im Innenraum der Kirche nicht einer Gas-, aber einer Blas-Explosion gleichkam, mit angehört hätte? Er, dem ich den Zugang zu seinen ehemaligen Feinden, den Erbfeinden, dadurch verdanke, dass er seinem Enkel im Zweiten Weltkrieg von Ereignissen und Erlebnissen im Ersten Weltkrieg erzählte und mich beschwor: Es seien Menschen genauso wie wir! Gerade weil er kein militanter Kriegsteilnehmer war, hatte ihn dieser Teil seines Lebens, vor Verdun dabeigewesen zu sein, geprägt. Für ihn, wie für viele seiner Zeitgenossen waren die Franzosen natürliche Feinde, die ihnen seit dem deutsch-französischen Krieg von 1870/71 zugewachsen waren.

Der Rhythmus, den die Musikkapelle erzeugte, war mitreißend, so, als sollte die Gemeinde mitmarschieren, dann in den Laufschritt fallen und sich über Gräben hinweg springend und Hurra schreiend, mit offenem, aufgesetzten Bajonnetten auf ihre Feinde stürzen. Aber dazu müsste erst ein neues Feindbild her! Ein solches Bild mitten in der Kirche, die eigentlich den Frieden auf ihre Fahne geschrieben hatte? Auf welcher Seite würde man heute das Gott-mit-uns wohl finden? Denn ohne die Götter Pétain, Foch, Falkenhayn und Co. würde auch zur Zeit nichts laufen. Laufen, bildlich gesehen: nur weg von hier!

Den Fahnenträger der Bläser kannte ich. Wir sahen uns regelmäßig im Café Central der Kantonsstadt beim Apéritif. Längst war der ehemalige Beamte bei der Post in Pension. Auch den Posaunisten kannte ich schon, als er im Nachbarort zusammen mit seiner hübschen rosig-backigen Frau einen Metzgerladen betrieb und mit seiner *camionette* zweimal in der Woche über Land fuhr. Da er in seine eigenen Sprüche verliebt war, behauptete er, wenn's ihm gut ging, Gott zu sein, *Je suis Dieu*! Er tat es auch bei schönem Wetter, weil er das schöne Wetter mitgebracht habe und mit seinen Fleisch-, Wurst- und Eierlieferungen erst seine Kunden erschaffe, indem er ihnen auf die Sprünge helfe. Man sagte, seine Worte seien von einigen jungen Frauen in den Dörfern nicht ungehört geblieben. Auch er ist jetzt im Ruhestand, *en retraite*, was sich, militärisch gedeutet, durchaus mit »auf dem Rückzug sein« übersetzen lässt. Ich begegnete ihm neulich auf dem Fahrrad, was ihn mir seitdem noch sympathischer macht, da ich ebenfalls hie und da mit dem Fahrrad unterwegs bin. Wir beide grüßten uns, friedlich in die Pedalen tretend.

Dem Frieden haftet in dieser Gegend noch etwas Neuzeitliches an. Aber er hält die Nachgeborenen mit Nachsicht (Bertolt Brecht) und Städtepartnerschaften in Schach. Und Schach ist schließlich ein Spiel.

Das Schlimme sei, hatte mir Marcel, Maries nachdenklicher Mann und Teilnehmer des Weltkriegs Zwo auf französischer Seite, einmal gesagt, dass alles gar nicht so schlimm ist, aber unter Umständen (wieder) schlimm werden kann – ›wieder‹ aus gutem Grund in Klammern gesetzt. Es dürfe nicht mehr eintreten. Heiliger Hubert, bitte für uns! Und behüte uns vor einer Kugel in der Stirn.

Schießen ja, aber nur auf untergeordnete Lebewesen. Und nicht auf alles, was da kreucht und fleucht, sondern auf ausgewählte Flug- und Huftiere in ihren Revieren. Darin gibt es hier eine gewisse Tradition. Und dazu bedarf es nicht unbedingt eines Heiligen. Um an einen Blattschuss zu kommen, genügt ein gesundes Auge und eine ruhige Hand, ohne Zielfernrohr, versteht sich. Sankt Hubertus soll nicht diskriminiert werden, bestimmt nicht an seinem Fest. Obwohl er eigentlich in der Ebene der Woevre einen Migranten-Hintergrund besitzt.

Nach der Legende soll er es zu Beginn des 8. Jahrhunderts bis zum Bischof von Lüttich gebracht haben. Am Anfang seiner Karriere erschien während einer Sonntagsjagd ein goldenes Kreuz im Geweih eines Hirsches, was den ehemals wilden Jäger nachhaltig verändert haben soll. Ob er sich auf der Stelle hingekniet und tatkräftige Buße getan hat, ist nicht überliefert, aber anzunehmen. Tatsache ist, dass er durch dieses Ereignis zum Schutzpatron der Jäger aufgestiegen und am 30. Mai 727 in Tervueren, Belgien, gestorben ist. Das ist aktenkundig und nicht das, was seither in seinem Namen an Unfug geschehen ist.

Als das den Gottesdienst abschließende Vaterunser gemeinsam gesprochen wurde, fiel mir auf, dass in der modernen Version die Wörter *français* und *France* vorkommen, knapp vorbeigeschossen am deutschen Gott-mit-uns. *O là là!*

Nach mehr als anderthalb Stunden Messegeschehen, wartete ich draußen vor dem Kirchenportal auf die Musikkapelle, die am Unterleib aufgestiegene Kälte in die Beine zurückdrängend. Alle sonstigen Wünsche in mir schienen sich auf einen einzigen zu konzentrieren, den, nach Hause zu eilen und einen, respektive zwei meiner lothringischen Schnäpse zu kippen. Als willkommene Wärmespender.

Jeder Händedruck mit einem Bekannten, jeder Schritt hinter der Musikkapelle her in Richtung Mairie führte mich, wenn auch auf einem Umweg, an mein Ziel heran. Nur ein solch trefflich scharfes Medikament wie der Selbstgebrannte, wäre in der Lage, die global um sich greifende Schweinegrippe aufzuhalten oder am Haus vorbei zu lenken. Heiliger Florian bitte für mich! Zuvor würde ich jedoch den Ehrenwein noch zu mir nehmen müssen. Wie jedes Jahr stünden alle Christen und Heiden dicht aneinander gepresst im Gemeindesaal der Mairie und redeten möglichst laut aufeinander ein, so, dass kaum ein ganzer, geschweige denn vernünftiger Satz zustande kommen würde. Hauptsache, beim Fest des Heiligen Hubert dabei gewesen zu sein, wenn auch einzeln kaum gesehen, kaum gehört.

MARIES ERBE

Chantal setzt sich auf den Ehrenplatz. Sie tut es, ohne uns zu fragen. Sie tut es nicht zum ersten Mal. Deshalb tut sie es, ohne erst zu fragen. Als gute Nachbarin wird sie nicht einmal daran denken, uns zuerst zu fragen. Sie hält es für ein Gewohnheitsrecht. Solche Rechte entstehen hier auf dem Land mit der Zeit, sofern sich kein Widerspruch dagegen erhebt. Sie wachsen wie gute, aber auch wie die schlechten Kräuter, *mauvaises herbes*, das Unkraut.

Chantals Platz ist Teil der soliden Tischbank, die, nachgerechnet, vor genau fünfundzwanzig Jahren, das ist ein Vierteljahrhundert, hier auf der Terrasse montiert worden war. Allein wegen ihres enormen Gewichts steht sie seither unverrückbar, behält ihren Stammplatz. Die Terrasse mit ihren knapp dreißig Quadratmetern ist überdacht und hat etwas vom Dach des Stalls zu Bethlehem, vom deutschen Hausherrn entworfen und von zwei Franzosen, einem Schreiner und einem Dachdecker ausgeführt. Dem Deutschen war das religiöse Element in seinem Entwurf nicht bewusst, wie er gerne auf Nachfragen antwortet. Die Welt, fügt er hinzu, sei eingemüllt von falschen Vorstellungen. Einige von ihnen würden herausgehoben und im Nachhinein von Interessierten für richtig erkärt. Das seien dann richtig falsche Vorstellungen, die ganze Teile unserer Erde gefährdeten.

Unsere geliebte Tischbank, ein Möbel aus Eiche, ein schwerer Tisch mit zwei eingedübelten Sitzbänken von mehr als drei Metern Länge!

Ich hatte sie einst von zwei jungen Einheimischen erworben. Die beiden arbeiteten eng zusammen, nebenher, wie sie angaben. Und: Da eine Hand die andere wasche, habe der eine das Material aus seinem Holzbetrieb beschafft und der andere dem Stück die Fasson verpasst. Beide hätten damit gute Geschäfte gemacht. Eine fruchtbare Zusammenarbeit. Dieses Möbelstück hielte auch das, was ihre Hersteller versprochen hätten. Der stolze Preis wohl ebenfalls!

Manche Weinernte ist seitdem vom nahen Hang herunter eingefahren worden, die Zeit entflohen, sobald man sie in Gedanken zu erfassen versucht. Auch Marie, unsere Nachbarin für alle Fälle, hat sich ins Nirgendwo davongemacht. Dageblieben ist Chantal, ihre angeheiratete Tochter und erste Erbin ihrer Ländereien, auch ihr Sitzplatz, auf dem Chantal gerade Platz genommen hat, ein Ehrensitz. Dieser wurde insgeheim zu einem demokratischen Sitz umgewidmet. Er kann, durch seitliches Verschieben der Körper, jederzeit um drei oder vier weitere »Ehrensitze« erweitert werden. Die »Ehre« besteht darin, einen Ausschnitt des Paradieses, *un petit coin du paradis*, einzusehen. Der Blick des Gastes geht auf die verfilzte Hecke, ein kunstvoller Zusammenwuchs mehrerer Pflanzen, den An- und Abflug der Blaumeisen und Buchfinken, ihre eleganten Vater- und Mutterspiele, den Brunnen unter dem Schutz eines alten Apfelbaums, das Feld mit den roten Buschrosen, auf die im Spätherbst gelb aufleuchtenden Quitten, weiter zum Teich mit seinem feingliedrigen Getier, das über dem Wasser hin und her schwirrt und schwebt oder sich mit breit geöffneten Mündern grell bemerkbar macht.

Chantal sieht das anders, sieht es eigentlich nicht. Anders als diese Schwärmer aus der Stadt. Sie schaut die kühle Flasche Bier an, die ihr der deutsche Gastgeber eben gereicht hat, dreht sie kurz in der Hand, macht so, als lese sie den Text auf dem Etikett, gibt die Lektüre auf und öffnet sie mit dem bereit gelegten Öffner: die Flasche mit der herben Frische, gebraut nach dem deutschen Reinheitsgebot! Man merkt ihr an, dass der erste Zug aus der Flasche bei ihr die freudschaftlichsten, alle Grenzen überschreitenden Gefühle wachruft. So kommt sogar ein »Prost!« zustande, was als einziges deutsches Wort von der Terrasse wie ein Luftballon in den Sommerhimmel aufzusteigen scheint. Chantal hat es fröhlich ausgesprochen, nicht so verdruckst wie ihre Flüche auf Französisch, die ab und zu von ihrem Grundstück aus zu uns herüberfliegen.

Chantal ist ein Beispiel für frauliche Schwerstarbeit auf dem Land. Sie arbeitet in einer holländischen Käsefabrik in Dieu-sur-Meuse, Abteilung Verpackung und Versand. Die Fabrik befindet sich unter deutscher Leitung, was sie bisher nicht sonderlich störte. Deutsch zu lernen sei jedoch nichts für sie, zu schwer, und die Kolleginnen sprächen eh alle Französisch. In ihrer freien Zeit, die es kaum gäbe, kümmert sie sich um Maries Erbe, Felder, Wiesen und einen »Obstpark«. In ihren letzten Jahren stand ihr Marie, die Stiefmutter, beim Verkauf an der Straße bei, indem sie mit ihr und den Kunden kleine Verkaufsgespräche führte und sie sonntags zum Essen im Restaurant einlud. Ein frugales Vergeltsgott, mit dem Chantal auf die Dauer nicht viel anfangen konnte. Denn allmählich stellten sich bei der jungen Frau, diesem Landmann, der aus ihr geworden war, Schmerzen im Rücken und der linken Hüfte ein. Zu der Zeit schien auch ihre Seele verletzt zu sein, da ihre Beziehung zu Yolande zerbrach. Dies, so wurde berichtet, muss von heftigen Tränen- und Wutausbrüchen begleitet gewesen sein. Danach lebte sie in einem im Nachbardorf geerbten alten Haus eine Zeit lang allein, schien sich vor Männern – und Frauen – zu hüten, wie es nach geltender Sitte zu geschehen hat. Allmählich tauchten vereinzelt Männer bei der Arbeit neben ihr auf. Dabei schien es, als schüttele sie einen nach dem anderen ab. Einige gaben von selber auf, obwohl das zu erwartende Erbe nicht zu verachten war. Oder es fiel ihnen zu schwer, bei den Nebenarbeiten mitzuhalten? Oder ihr etwas vorzumachen, den Gigolo zu spielen? Chantal? Mit ihr nicht!

Wie auch immer. Im Augenblick herrscht eitel Sonnenschein auf der Terrasse. Eine Art Waffenstillstand mit der Zeit. Sein und Zeit im Einklang. Für eine kurze Weile. Chantal ist müde von der doppelten Tagesarbeit. Zudem soll die Mirabellen-Ernte in diesem Jahr mäßig, *moins, médiocre*, ausfallen; aber die Früchte würden von guter Qualität sein, woraus sich ergäbe, dass, vom Standpunkt des Erzeugers aus, die Preise gediegen wären. Gute Aussichten auch für die späteren Ernten, die Äpfel, Birnen, Zwetschgen und Nüsse!

Friede mitten im Kampf ums tägliche Brot. Friede bis zum Ende beim Verzehr der zweiten Flasche deutschen Bieres, französischerseits. Der deutsche Gastgeber trinkt elsässisches Bier. Eine Frage des Geschmacks. Elsässisch ist nicht französisch. Oder doch?

Die Terrasse, von der hier die Rede ist, wird nach hinten von einer Mauer aus Kalksteinen abgeschlossen. Die Steine sind Teil einer Remise, die Chantal als Lager für Holz und Garage für Maschinen dient. Sie sitzt mit dem Rücken an dieser Mauer. Die Mauer gilt als *mitoyen*. Sie gehört zur Hälfte ihrer Stärke zur Terrasse, zur Hälfte zur Remise. Ein Teil der rissigen Mauer wird nur zusammen gehalten, weil an der Außenwand Efeu gepflanzt worden ist und die Wurzeln sich ins Mauerwerk gekrallt haben. Wenigstens das löchrige alte Dach ist von Chantal durch ein neues ersetzt worden. Buchstäblich endlich und mit Ach und Krach. Denn Alt und Neu klaffen noch auseinander, vertragen sich noch nicht. Das komme daher, klärt Chantal die Sachlage, dass sie das billigste und nicht das beste Angebot der Baufirma angenommen habe!

Prost! Doch Chantal macht keineswegs den Eindruck, eine solche Lappalie bewege sie zutiefst. Die Remise ist, innerhalb der Hauptsache, nur eine Nebensache. Obwohl ... Auf ihrem Gesicht hat sich in letzter Zeit ein zufriedener Ausdruck breit gemacht. Mit der Erbschaft von Maries großem Haus und den Ländereien im Rücken stellt sie eine Frau dar, mit der in Zukunft beim Kauf von Baugrundstücken zu rechnen ist.

So habe Luc, unser Nachbar auf der anderen Seite, sie mehrmals angegangen, damit sie ihm das Stück Land mit der Remise für einen guten Preis verkaufe. Nein, habe sie ihm geantwortet, sie verkaufe nicht. Überhaupt nichts verkaufe sie. Bereits eine Zwanzigerschaft von Interessenten habe sie danach gefragt. Das komme für sie nicht in Frage. So wenig, wie es für Marie in Frage gekommen wäre.

Der Deutsche glaubt ihr aufs Wort, erinnert sich an Marie: »Ich verkaufe nichts. Niemals. Niemandem!« Hat sie diese Leidenschaft, kein Land zu verkaufen, auf Chantal übertragen? Im Gegenlicht des späten Nachmittags ist ein silbriger Nimbus um ihr fülliges, noch schwarzes Haar erschienen. Silberne Streifen treten an einzelnen Stellen hervor: die Ränder der unverkäuflichen Grundstücke? Bestimmt ist es nicht der Heiligenschein einer Patronin der stillen Dorfkirchen ringsum. Sie sei nicht so dumm, sich auf diese heiligen Geister, diese Habenichtse, zu verlassen. Denn nur der Besitz mache reich!, habe ihr Marie einmal gesagt. Und lieber, wussten wir von ihr, sortiere sie im Winter die Auszüge aus dem Kataster, auf denen numerierte Felder, ihre Parzellen, eingetragen sind – auf Nummer sicher gehen. Das sei einträglicher, als aufs Jenseits zu setzen.

Es gibt, da hat sie Recht, durchaus genug Dinge, die nicht zum Zuwarten geeignet sind: ihre Katze Minette zum Beispiel – ein grau-rötlich geflecktes Wesen, lieblich anzuschauen. Wenn sie nicht gerade wieder trächtig ist! Und das ist sie mehrmals im Jahr. Ein rotfelliger Teufelskerl frei herumstromernd, angeblich niemandem in der Nachbarschaft gehörend, sorgt regelmäßig für Nachkommen. Dabei erhebt er von Fall zu Fall ein Triumphgeschrei. Natürlich ist Minette II eine Tochter der verstorbenen Minette I. Letztere wohnte bei Marie im Haus und war deren unzertrennliche Freundin. Sie hing an Maries Rockzipfel, umgarnte, wenn Marie auf der Straße stehenblieb, ihre Fußknöchel. Dabei hinterließ sie wohl ein angenehmes Gefühl bei Marie; denn diese trug selten Strümpfe.

Chantal ist da anders. Sie geht auf Abstand, redet aber mit Minette II, wie sie bei der Arbeit mit sich selbst redet. Nach der Arbeit – sie wohnt im Nachbar-Ort in einem von ihrem Onkel geerbten Haus – überlässt sie die Katze ihrem Schicksal. Die Folge ist, dass Minette II wiederum fünf Junge geworfen hat. Man hört den Nachwuchs aus dem nahen Schafstall miefern, kläglich nach ihrer Mutter rufen. Die aber drückt sich, von einem ihrer Kleinstkinder begleitet, auf der Terrasse herum. Sie scheint nichts zu hören. Eine Rabenkatzenmutter!

Anstatt einzuschreiten verzieht Chantal das Gesicht. Dann schraubt sie ihre starken Finger ineinander und erzeugt mehrere *craques*. Genauso werde es allen diesen Katzenwesen ergehen. Oder, als der Hausherr protestiert, sie werden in einen Sack gesteckt, dieser zugeschnürt und das Ganze im Bach drunten versenkt. Es gehe doch nicht an, dass sich Minette bereits zum dritten Mal von Lucs rotem Kater hat schwängern lassen! Der lasse seinen Kater *partout* nicht kastrieren, obwohl er das Geld dazu hätte. »Was anders tun als *craque* zu machen?«, antwortet Chantal auf die nicht gestellte, aber naheliegende Frage.

DIE QUERRINNE

Die Querrinne ist eine in den Boden eingelassene, quer von einem Wegrand zum anderen verlaufende Rinne. Der technisch versierte Fußgänger erkennt sofort das U-förmige Eisen, das randlos in Beton eingelegt wurde und die Wasser, die bei starkem Regen die Dorfstraße hinabstürzen, von der rechten Wegseite hinüber in den gepflasterten Graben auf der linken Seite umleiten und so die nach unten folgende Straßenrinne entlasten. Die Mauern der anliegenden Häuser sollen vor Überflutung geschützt werden. Der gepflasterte Straßengraben auf der linken Seite endet ein paar Meter weiter unten in einem Schacht, der Anschluss an einen Kanal hat.

Da die linke Seite einen besseren Abfluss garantiert, wollte man sie auch für den Abfluss des Wassers auf der rechten Seite nutzen, dies im Sinne eines Ausgleichs zwischen den beiden Seiten der Dorfstraße. Ihre Randlage sprach für ein solch gerechtes Verfahren. Denn den Berg hinauf, einige Meter über der jetzigen Rinne, war bereits ein Versuch gescheitert. Die Rinne war zu schmal und hatte sich bei trockenem Wetter sofort mit Sand gefüllt. Den wulstigen Rädern der Traktoren musste das gleichgültig gewesen sein. Den Fahrern ebenso. Sie fühlten sich überlegen in ihrer luftigen Höhe und bemerkten keine mit Sand ausgefüllte Rinne.

Diese erste Rinne war bereits ein Versuch der Gemeinde, den stärker gewordenen Regenwassern Herr zu werden. Das war schließlich der Zweck der neuen Anlage. Der Gemeinderat des kleinen Dorfes, der aus dem Bürgermeister, *maire*, und zwei Beiräten, *conseillers municipaux*, besteht, gehört wiederum einer Bezirksverwaltung von sieben Gemeinden, *cantons*, an, in denen es gar nicht so leicht ist, eine gemeinsame Entscheidung für eines der Dörfer herbeizuführen. Meist geht es reihum. Und so darf es nicht verwundern, wenn es Jahre dauert, bis eine durchaus notwendige Einrichtung oder Anlage erbaut werden kann.

Irgendwie und irgendwann war es in B. so weit: Die große Querrinne, welche die kleine ersetzen sollte, war in den Boden eingelassen worden. Es könnte sein, dass eine regelmäßige Reinigung vorgesehen war. Die Gewitterregen im Sommer würden sie zuschwemmen oder das Laub im Herbst sie füllen oder die Stürme im Frühjahr sie mit dem Kalkstaub der Gegend zuwehen. Würde dieser Kalk gewässert, wirkte er wie festgestampfter Mörtel, eine Wirkung, die jedem Kind auf dem Lande geläufig war. Schon die Römer hatten dies ausgenutzt.

Damit entspräche die Querrinne nicht mehr ihrem Zweck. Sie wäre zwecklos, ja sinnlos geworden. Jetzt war es wieder so weit. Die ungewöhnlich häufigen und heftigen Regenfälle der letzten Zeit waren schuld daran.

Der am ehesten Betroffene und damit Bedrohte war ausgerechnet der Deutsche, der seit vielen Jahren das erste Haus auf der linken Straßenseite bewohnte. Dieser, seit ein paar Jahren im Ruhestand, rätselte nicht lange, wie er sich aus dem Dilemma befreien könne und vertraute auf das Mittel, das ihm seit langem bekannt war: An den Herrn Bürgermeister gerichtet, der Gemeinde einen Brief zu schreiben, beziehungsweise an die Gemeinde gerichtet, dem Bürgermeister einen Brief zu schreiben – einen sauberen und schönen Brief, wie er es schon ein paarmal getan hatte. »Sagen wir«, pflegte er seinen Gästen zu sagen, »ein der Sache angemessenes Schreiben, das den Glauben an das gemeinsame Europa bestärkt.« Er hatte während seiner aktiven Dienstzeit genügend Erfahrung gesammelt, um eine solche Aufgabe auch noch als Ruheständler bewältigen zu können.

Also tippte er auf seinem Notebook einen Brief an den Herrn Bürgermeister, mitgedacht einen Brief an das Hundertachtzig-Seelen-Dorf, tat dies in amtlichem Französisch, druckte ihn doppelt aus und lieferte ihn eigenhändig, deshalb unfrankiert, am Haus des Bürgermeisters ab. Wie gewöhnlich war der Bürgermeister nicht zuhause. Er würde erst an diesem oder dem nächsten Wochenende zurückgekehrt sein, um sich auch um diese Angelegenheit kümmern zu können. Denn die Woche über stand er im Dienst einer großen Bank in Lyon, mehr als sechshundert Kilometer von seiner dörflichen Heimat entfernt. Das monatliche Entgelt für das Amt des Bürgermeisters* konnte nicht einmal seine Fahrtkosten wettmachen. Dennoch lohne es sich, hatte er dem Deutschen gesagt. Es sei die interessante Arbeit als Jurist bei einer Bank. Und dass auch seine Bank vielerlei juristischer Hilfe bedürfe, könne nach der letzten weltweiten Finanzkrise niemand mehr bezweifeln!

Aufgrund seiner häufigen Abwesenheit blieben zu erledigende Sachen einfach liegen, obwohl es in der alten Dorfschule ein Ersatz-Referat gab – Sprechstunde ein Mal wöchentlich für zwei Stunden während der Mittagszeit: Damit sie niemand in Anspruch nahm?

Einige der Akten entwickelten eine seltsame Dynamik. Sie schrumpften zu erledigt zusammen oder bauschten sich auf zu wichtig. Die Zeit hatte einen Teil der amtlichen Arbeit übernommen. Der Ordner hats gerichtet!

Im Falle der Querrinne kam es jedoch anders. Es lag wohl nicht an dem gediegenen Französisch, in dem der Brief abgefasst war, nicht an der erwähnten Gefahr der Überflutung,

---

* ca. 600 Euro

nicht an mangelnder Höflichkeit des Briefeschreibers. An diesem Wochenende musste etwas anderes das Gemüt des heimgekehrten Bürgermeister erregt haben. War es die zunehmende Kritik der Leute an der andauernden Abwesenheit des Amtschefs oder an der neu geteerten Dorfstraße und dem Hinweis einiger Nachbarn auf die Dellen und Beulen der Straßendecke: Man könne sich ab jetzt das Urlauben an der Küste sparen, denn Wellenreiten könne man gleich vor der eigenen Haustür? Niemand wusste wieso, aber eine lähmende Unzufriedenheit hatte sich breitgemacht.

Als bald danach der Deutsche an einem Sonntagmorgen ein Fenster zur Straße hin öffnete, sah er *Monsieur le Maire* persönlich daherkommen, eine Kreuzhacke geschultert. Er ging nicht, sondern marschierte, als befände er sich im Krieg und kenne das Ziel, das es zu erobern galt. Aber es konnte sich nur um die Querrinne am Anfang des Feldweges handeln, der in die hoch gelegenen Gärten, *vergers*, führte.

Natürlich war die Zeit, in der es hier um die Eroberung eines laufenden Meters Boden ging, längst Bestandteil der Annalen. Und gerade der Bürgermeister hatte seit Jahren Fotos und Texte zur Heimatgeschichte gesammelt und ausgewertet. Er müsste es doch wissen!

Der Bürgermeister im Amt, ein Arbeiter, *un cantonier*? Er schickte sich nun an, den festgebackenen Kalk aus der Rinne zu hacken und am Wegesrand aufzuhäufen. Der Ruheständler, deutsch bis auf die Knochen, »Alles muss seine Ordnung haben!«, schien ein schlechtes Gewissen bekommen zu haben. Bei ihm machte sich eine der viel gerühmten Sekundärtugenden bemerkbar. Denn er schlüpfte in seine Sandalen und ging in Hemd und Hose auf den französischen Amtsträger zu. Der arbeitete, weil diese Arbeit für ihn ungewohnt war, bereits mit hochrotem Kopf an der Querrinne. Soweit sollte es nach Meinung des Deutschen nun doch nicht kommen.

Er grüßte den zum Straßenwärter gewandelten *maire* und erklärte, dass der Brief doch so nicht gemeint gewesen sei! Die *Chose* hätte er, der Steuerzahler, als einen einfachen Verwaltungsakt angesehen. Sagte es nach einer Atempause zweimal hintereinander, während Monsieur C. weiter hackte, ohne aufzublicken oder seinen Gruß zu erwidern.

Inzwischen kam Bewegung in die Sache. Die Frau des Bürgermeisters, *Madame le Maire*, war hinzugetreten, in der einen Hand eine Schippe, in der anderen einen Fotoapparat. Für alle Fälle. Nach einer überaus bedeutsamen Pause blickte der Amtschef, wohl bestärkt durch die Gegenwart seiner Frau, von der Arbeit auf und sagte betont langsam: »Ein einfacher Verwaltungsakt? Aber ich bin die Verwaltung dieses Dorfes!«

Dem stimmte der Deutsche als Antragsteller natürlich zu, indem er ein paarmal nickte und bejahte: Es handelt sich um einen Verwaltungsvorgang, gefolgt von einem technischen Problem, das letzlich den städtischen Bauhof anginge, nicht ihn persönlich. Sein Antrag stelle schließlich kein moralisches Problem dar, das einen Schuldigen erzeuge, schon gar kein erbfeindliches zwischen Franzosen und Deutschen!

Aber da verstand der Bürgermeister keinen Spaß. Ein Brief, wie ihn der Deutsche geschrieben hatte, ist kein Pappenstiel. Er ist ernstzunehmen. Und wird es auch in der Tradition der Französischen Republik! Oder der Tradition der jakobinischen Revolution? In der Öffentlichkeit Frankreichs besitzt die Sprache einen hohen Stellenwert.

So weit wird der Antragsteller noch mitgedacht haben. Denn er verließ kopfschüttelnd den kleinen Kriegsschauplatz, murmelte ein *Pardon* und fasste im Gehen den Entschluss, sich zu revanchieren, sobald die Querrinne eine Gelegenheit dazu bieten würde. Und Gelegenheit dazu würde die Rinne nach den Gewitterregen im Spätsommer liefern. Dessen war er sich sicher.

DAS SIPHON

Aus dem Siphon steigt ein »komischer Geruch«, sagt die Hausfrau, die kocht und es wissen muss, bereits zum zweiten oder dritten Mal. Wie in diesem Falle sind auch aller schlechten Dinge drei. Es riecht. Es reicht. Da musst du ran. Verschoben ist nicht ... Aufgehoben?

Klar, das Siphon ist vor mehr als dreißig Jahren von dir installiert worden. Als privater Installateur erinnerst du dich, dass das Siphon nur über Eck unter dem alten Wasserstein einzubauen war. Eine schwierige Kombination, wobei vorher der Boden des Steins an einer Stelle zerschlagen wurde – der Fehler eines Anfängers! Ein Stadtmensch wollte der Moderne Eingang aufs Land verschaffen, anstatt das Echte zu bewahren! Also her mit einer verchromten Spüle. Dass es in letzter Zeit so »komisch« riecht, ist für dich nichts Neues, vor allem nichts Erheiterndes. Selbst die Anwendung abbaubarer chemischer Mittel ist keine Lösung; auch nicht, dass du inzwischen eine flache Schüssel untergeschoben hast. Sie fängt zwar auf, was aus undichter Stelle abtropft, muss aber regelmäßig geleert werden, sonst stinkt es und die Reste des kalkigen Wassers versteinern. Wahrlich: ein echter Hautgout. *O goût!* Unerträglich.

Puh, Fenster auf und frische Landluft reingelassen, sofern sie nicht gerade vergiftet worden ist; denn zwei Traktoren sind bereits am Fenster vorbeigetöfft und befahren nun die höher gelegenen Obstgärten. Jetzt könnte die Luft wieder in dem Maße rein sein, wie man sie flach einatmet.

Dem Wortmann möge das »Siphon« in seiner Zweisilbigkeit aus dem griechischen »siphon«, dem lateinischen »sipho« als kleine lautliche Kostbarkeit überkommen sein. Im Französischen bietet es sich mit *trombe* an, italienisch »tromba«, eigentlich »trompe«, Alpenhorn, Saugrüssel, Hupe, über *trompe d'eau*, Wasserhose, bis zum gekrümmten Abflussrohr und wurde als solches bereits 1546 von Rabelais eingesetzt, wodurch es seine literarische Weihe erhielt.

In der Wirklichkeit des Alltags wird es dennoch notwendig sein, sich, neben dem Wohlklang des Wortes, mit der Reparatur oder einem Neukauf dieser Armatur zu befassen. Einsatz oder Ersatz? Wo du doch in deiner Kindheit soviel »Ersatz« kennengelernt hast. Und bitte keine intellektuellen Ausflüchte mehr!

Aber das Ding, *le truc*, lässt sich leichter abschrauben als reinigen, obwohl es sich im Laufe der Jahre zugekalkt hat. Du breitest die Teile draußen am Brunnen aus, stocherst im Sieb, kratzt in den Bögen, spülst nach. Wer dir zuschaut, glaubt, du hättest dich mit leicht angewiderter Miene einer Kloake genähert. So ist es auch: Speichel-, Schleim- und Essensreste, Haare, Spuren von mikroskopisch minimalen Toten. Dreckige Stücke von Leben ziehst du aus dem Inneren dieses Hades, stapelst sie auf den Holzrost am Brunnen, um sie später auf das Rosenfeld zu schütten. Alles zum Gedeihen der Blumen und zum Besten deiner gezählten Tage!

Murmelst: Humus!
Quelle der Humanität.
Weg alles Irdischen.

Am Ende alle Teile in ein Terpentinbad gelegt, herausgenommen, in der Sonne trocknen gelassen. Die Überprüfung ergibt eine gediegene handarbeitliche Leistung. Aufgepasst! Beim

Zusammensetzen stellst du fest, dass ein kleines Teil, sozusagen ein Alpenhörnchen, übrig geblieben ist. Offenbar wurde dieses Teil mit einem anderen verwechselt, weil es nicht mehr auf das Gewinde der mehrzweigigen Plastik passt. Erneute Versuche. Scheitern. Sich an seine Geduld, seine Zähigkeit im Überwinden von Niederlagen erinnern, eine Sache immer wieder angehen. Und endlich die Erlösung von allen Übeln mit einem Ausruf feiern: Vollbracht! *Consommé!*

Mal abgesehen davon, dass das Christliche bei dir wieder durchbricht, geht es im Vorliegenden um ein neu einzusetzendes Siphon und nicht um den Tod am Kreuz.

Nur, wie unter der Spüle am Abfluss in der Hauswand eine Manschette anbringen, wenn du dich – in deinem Alter! – nicht mehr bücken willst, nein zugegeben, bücken kannst? Und vor allem das Überkopf-Arbeiten vermeidest? Es war einmal, vor mehr als dreißig Jahren. Und damals ging es ganz gut.

Seitdem hat sich viel geändert, sowohl das Siphon, als auch du. Kurz und gut – du brauchst handwerkliche Hilfe, biegsames Zulangen. Aber wo am Abend dieses Frühlingserwachens noch eine fachliche Hilfe herholen? In einer Gegend, in der die Fachkräfte dünn gesät sind?

Hilfe kann nur von Jean-Philippe kommen! Philippe ist Verkaufschef eines Baumarkts, privater Bauherr *en gros* und in seiner Freizeit Bürgermeister des Nachbarorts. Er treibt, dafür hochbegabt, Handel mit Käufern, *clients*, Grundstückseigentümern, *propriétaires*, und Bürgern, *citoyens*. Er kennt sich aus im Bauhandwerk, auch im Wahlhandwerk; aber das spielt jetzt keine Rolle.

Die grenzüberschreitende politische Diskussion floriert zwischen euch.

Ihr kennt euch seit langem.

Nach einigem Zögern rufst du ihn an, denn es läuft, da es auf acht Uhr abends zugeht, gerade das Journal des Tages. Am Telefon, *Jité*, sagst du, es sei dringend, ein Notfall, denn die Wasserversorgung in der Küche sei ausgefallen. Was das für unsere Abend- und Morgentoilette bedeute, könne er sich ausmalen. Er meint, zur Not hätten wir doch im Garten zwei Brunnen. Naja ... Und für alle Fälle diktierst du ihm deine deutsche Handynummer. Er, Jean-Philippe, würde morgen früh einen Fachmann, *un spécialiste*, vorbeischicken. Der würde das Siphon im Handumdrehen reparieren.

Eine Viertelstunde später stoppt eine *Camionette* mit kreischenden Bremsen vor dem Fenster unseres Kaminraums – er ist es tatsächlich, in Begleitung eines jungen Mannes, den er zu uns hereinführt, sagt: Deine Handynummer hat bei uns nicht funktioniert. Aber zeig uns das »Ding kaputt« (auf Deutsch)! Im Küchenraum beugen sich die beiden abwechselnd unter den alten Spülstein und stellen mit Hilfe meiner Taschenlampe gegenseitig fest, was Sache ist. Zugleich beraten sie sich, was anderentags zu tun sei, um dem Übel beizukommen und es zu beseitigen.

Darauf stürmt Jean-Philippe in den Wohnraum, hinter ihm der junge Mann, und fordert dich als Hausherrn grinsend auf, zwei Flaschen »herbes Bier Saarland« plus »Kornschnaps, Deutschland Nord« zu servieren.

Leider ist die Flasche Kornschnaps leer und längst im Korb für leeres Glas verschwunden, *tri*-gemäß[*]. Dafür schwenkst du eine halbvolle Flasche Quitten-Schnaps durch die Luft – aus dem hiesigen Garten. Sie ist das zweiundvierzigprozentige Ergebnis einer deutsch-französischen Zusammenarbeit, einwandfrei geistig und mit dem Namen des Autors auf dem Etikett versehen. Letzteres ist entscheidend. In diesem Falle ist dem *eau de vie* aus einheimischer Erzeugung zu trauen. Ein mehrfaches Prost besiegelt das Einverständnis und den Wunsch nach

---

[*] Le tri = die Abfall-Trennung

einer erfolgreichen Arbeit, die am nächsten Morgen durchzuführen sei.

Beim Aufbruch sagt Jean-Philippe: »Ich hoffe, dass Dir ein anderes Mal ein anderer Grund einfällt, uns nächtens in diese verdammte Kälte zu jagen!« So sei es.

DER ZAUN

Wie die meisten Dinge, mit denen wir umgehen, hat auch der Zaun mindestens zwei Seiten: eine Innen- und eine Außenseite. Und wie die meisten Menschen, mit denen wir umgehen, uns selbst eingeschlossen, haben auch sie mindestens zwei Seiten. Modisch mit ein- bis mehrdimensional bezeichnet. Im Notfall bedeutet es mehr als zwei Seiten. So werden der Medaille in einem gern gebrauchten Vergleich nur zwei Seiten zugesprochen. Dass sie noch einen Rand besitzt, wird häufig übersehen. Diese »dritte Seite« gewinnt an Bedeutung, sobald die Medaille in der Gestalt einer teuren Münze auftaucht. Oder der eines alten Geldstücks, das auf seinem Rand eingeprägte Namen oder Zahlen trägt. Gerundet oder geriffelt bestimmt der Rand mit, was es mit den breit angelegten Flächen auf sich hat und was dieses wert ist.

Vorsicht vor dem Uneigentlichen! Der Rand ist nicht ohne. Es gibt Menschen, besonders Künstler, die das Randständige betonen. Und nicht so sehr das eigentlich Mittige, worauf es der Mehrzahl der Betrachter oder Besitzer ankommt.

Wenn der Autor auf dem Wege ist von der regionalen deutschen Großstadt in das französische Provinznest, das er so liebt, macht er sich seine Gedanken. Denn unterwegs wird sein Blick nicht mehr sonderlich abgelenkt, weil ihn links und rechts der Straße Merkmale begleiten, die er schon lange zu kennen glaubt, die er natürlich nicht genau kennt, die ihn aber in dem Glauben belassen, er kenne sie zur Genüge. Alles Täuschung?

Die Landschaft erscheint den Jahreszeiten gemäß in anderer Gestalt, in einem anderen Licht. Ist es eine Täuschung? Mag sein, dass es sich im Ergebnis eher um eine Selbsttäuschung handelt. Diese fällt in seiner Wahrnehmung jedoch umso geringer aus, je öfter sich der Vorgang des Vorbei-, Durch- oder Überfahrens wiederholt. Abgeschliffene Ränder. Die Flächen sind längst Teil seines Innersten geworden.

Er hatte unterwegs aufs Land an den Zaun gedacht: den Rest eines ehedem straff gespannten Vierkantgeflechts, das dem Brand einer nachbarlichen Wiese zum Opfer gefallen war und seitdem zusammengerollt vor dem Gartentor lag. Von dort sollte es entweder weggeschafft oder bei Bedarf von einem Nachbarn weiter verwendet werden. Der Fraß des Wiesenbrands hatte das Plastikgeflecht nur teilweise verschlungen. Und ein Bedarf herrscht in dieser Gegend bei jedermann und jederzeit. Es fällt den Dörflern hier, auch dem Leih-Dörfler, gar nicht leicht, solche Reste einfach zu beseitigen, weil man sie bestimmt noch zu etwas gebrauchen könne! Diese Haltung hatte sich aus einer Zeit erhalten, in der Not und Armut das Zepter schwangen. Bis in die jüngste Zeit hatte es kaum Möglichkeiten zum Einkaufen gegeben ...

Als der Autor nun seinen Renault Kangoo, *bagnole*, die Dorfstraße hochsteuerte, war er gespannt, ob, wie abgemacht, Luc, genialischer Allesverwerter – leider auch ein großer Umweltsünder! – den Draht wirklich abgeholt hatte. Wenn er nächste Woche wiederkäme, seien die beiden Rollen verschwunden, hatte Luc ihm versichert, dies von einem herzlichen Dank im Voraus begleitet.

Im Falle der – nicht direkten – Verwertung würden die beiden Rollen auf Lucs hauseigener Mülldeponie landen, weiter den Hang hinauf. Hauptsache, sie waren weg!

Es hatte sich jedoch herausgestellt, dass *Monsieur* und *Madame* erst in der übernächsten Woche wiedergekommen waren und die beiden Drahtrollen mit ihrem strohigen Gefransel sofort bemerkten. Sie lagen an der alten Stelle, schienen unberührt. Nachwachsendes Gras hatte sie am Boden festgezurrt, jeder Halm ein Dorn in den Augen der deutschen Besitzer. Nicht umsonst galten sie im Dorf als besonders sauber und ordnungsliebend, im deutsch-französischen Jargon *proper* und *korrekt*. Zu ihrer Freude schien sich noch am selben Tag eine ordnungsgemäße Lösung anzubahnen. Kaum waren sie ausgestiegen, als Stéphane, kurz Stéph, nun erwachsener Sohn des zweitgrößten Bauern im Dorf, vorbeikam, um den beiden Deutschen Guten Tag zu wünschen und zu fragen, ob er heute Nachmittag den Zaun für seinen Vater haben könne. Dieser wolle damit die Einzäunung der am Feldweg, »Ihr wisst schon!«, gelegenen Pferdekoppel flicken. Es ginge vor allem darum, sein junges Pferd vor dem Ausbruch zu bewahren.

Stéph war weiter die Dorfstraße hinunter nach Hause gegangen. Er hatte vorhin nicht *réparer* gesagt (vergleiche »Reparationen«!), sondern *récuperer*, was im Verständnis des deutschen Autors, oft beim Wörtlichnehmen erwischt, nicht »flicken, ersetzen« meinte. Eher ließe es sich mit »wiederverwerten« übersetzen. Das jedoch hätte vorausgesetzt, dass es Stéphs und seinem Vater bereits gehörte. Und das war keineswegs der Fall. Soweit sind wir noch nicht, hatte er gedacht, in einer Gegend, in der das Eigentum als höchstes, unveräußerliches Gut angesehen wird. Da er aber Stéph von Kindesbeinen auf kannte und solches nicht erwartete, war er über diese Ungenauigkeit hinweggegangen.

Er kannte seine Pappenheimer. Dazu zählte auch Nicolas, kurz Nic, Stéphs Freund. Dieser hielt nicht lange danach seinen Traktor an, auf dem er gerade am Haus vorbeifahren wollte und versprach den beiden Deutschen von hoher Sattelwarte aus, den Zaun nicht länger liegen zu lassen und ihn noch vor Pfingstsonntag abzuholen. Monsieur und Madame verstanden nicht gleich. Ah, schon zwei Wochen zuvor habe er die beiden auf die Zaunrollen hin angesprochen, sozusagen als Erster und im Vorgriff auf ein Gewohnheitsrecht, das ihm bisher eingeräumt worden war, weil er doch gelegentlich bei ihnen im Garten arbeite. Er erinnerte sich, dass auch Nic sich im Voraus sanft und höflich dafür bedankt hatte und sich für die nächsten Arbeiten zur Verfügung halten würde.

War nun sein Dank verfrüht gewesen? Denn der Zaun sei gerade Stéph versprochen worden, wollte Monsieur einlenken und sagte, obwohl das Pfingstfest vor der Türe stand, auf Deutsch: »Friede den Menschen auf Erden!« Er könne ja die Chose selbst mit seinem Freund Stéph regeln – sein Vorschlag über die Pfingstrosen hinweg in Gottes Ohr! Der Autor hatte das Fenster geschlossen und musste sich um andere Dinge kümmern. Monsieur und Madame waren erst vor einer Stunde angekommen. Da war jedesmal ein ganzes Programm abzuwickeln.

Wie erstaunt waren alle, als Nic früher als erwartet an die Haustüre bollerte, auf der Schwelle stehenblieb und die beiden Deutschen mit großen Augen anblickte: War Wut darin zu erkennen? Oder Enttäuschung? Wohl beides. Denn gemeinsam stellten sie daraufhin fest, dass die Stelle neben dem Gartentor, an der der angerostete Zaun wochenlang gelegen hatte, leer war.

Später würde sich ergeben: Es seien die mächtigen Hände, Schaufeln!, von Stéphs Vater gewesen, einem Mann, dem man nicht gerne widersprach, die zugepackt und die beiden Rollen abtransportiert hätten. Niemand hatte das Geräusch eines Motors gehört. Aber Jean-Paul besaß oberhalb des Grundstücks der Deutschen einen geräumigen Schafstall. Und die Schafe waren tagsüber auf der Weide und wussten von nichts.

DAS LOCH

Minimale Abhandlung: In diesen Tagen, so lese ich in der satirischen Wochenzeitschrift *Canard enchaîné* sei der zweite Band der *Mémoires* Jacques Chiracs, des ehemaligen Päsidenten der Französischen Republik, erschienen und enthalte, mehr noch als der erste, auffallend viele *trous de mémoire*, »Erinnerungslöcher« oder, der Amtssprache angemessener, »Gedächtnislücken«. Kein Wunder. Denn für diesen Politiker sind die Löcher nicht nur notwendig für den zu erwartenden Prozess, sondern geradezu heilsam für das öffentliche Bewusstsein Frankreichs. Chirac geht es wie allen Vertretern der *langue de bois*: Sie sind wahre Künstler im Herstellen von Löchern, besonders wenn sie ihre »Erinnerungen« schreiben – indem sie das Tadelnswerte ihres früheren Tuns entweder ganz weglassen oder es schönschreiben. Im Übrigen verdichtet sich durch das Weggelassene das Lobenswerte ihrer Taten. Die Nachwelt erhält unaufgefordert einen bereinigten Geschichtsunterricht, durchgehend unter dem Titel: »Männer, Löcher, Taten.«

Immerhin die hehre Seite beziehungsweise Tiefe des Loches.

1

In den Niederungen des Alltäglichen sieht es anders aus. Dort ist das »Loch« kurz angebunden und einsilbig. Es begegnet den Alltäglern auf Schritt und Tritt: als Wort, Begriff oder Ausruf – »Vorsicht, ein Loch!« oder »Du blödes A…loch!« – und ist so im allgemeinen Sprachschatz festgefahren, dass es an und für sich wenig Aufmerksamkeit erregt, obwohl es bereits im Althochdeutschen als *Loh, Loch*, »Verschluss«, »Gefängnis«, »Höhle« daherkommt und später im Altnordischen als *lok*, im Gotischen als *usluks*, »Öffnung«, »Luke«, »Lücke« seine sprachliche Existenz behauptet hat. In seiner Bedeutung eröffnet es mindestens zwei Perspektiven: Von innen her ist es ein Verschluss, von außen her eine Öffnung.

In seiner Mehrdeutigkeit – das Loch als fehlender Gegenstand – reizt es natürlich zum Nachdenken über das Sein und das Nichts. Inwiefern ist das Loch zugleich Etwas und Nichts? Ein Gegenstand und zugleich dessen Mangel?

Im Französischen, in das ich als Autor gerne hinübergleite, stellt das Loch das einsilbige *trou* dar, abgeleitet vom volkslateinischen *traucu* und über das Altprovencalische *trauc* in die Sprache der Île-de-France eingewandert. Damit erfreut sich auch das Loch, *le trou*, wie andere Wörter der ehemaligen Lingua franca eines Migrantenhintergrunds.

2

Ein Loch ist im Eimer. O Mann, dann stopf es mit Stroh. Ein Loch ist im Garten. Dann stopf es mit Erdreich. Oder das Loch ist voll Wasser, ein mit Wasser gefülltes Erdloch, *un trou rempli d'eau*. Ein solches Loch nimmt, sobald du dich ihm näherst, die Gestalt eines Teichs, *mare*, an.

Du, Wortmann, fragst dich, was das Loch dort soll, dieses Loch mit dem runden oder ovalen »O«, ebenfalls als *trou* mit seinem »O«, sogar dem das Unterirdische hervorkehrenden »U«? Fragst dich, was das wohl zu bedeuten hat: Handelt es sich um ein Tor in den Orkus, das Totenreich, oder einen Zugang ins heiße Innere des Erdreichs? Fragen über Fragen.

Ein Loch, das dem Autor noch gut in Erinnerung ist – also kein Erinnerungsloch! – sollte sich plötzlich im Garten seines Hauses aufgetan haben, genauer: aufgegraben worden sein.

So lautete die bestürzende Nachricht aus seiner französischen Wahlheimat. Der Anruf seines Nachbarn war ihm umso mehr aufs Gemüt geschlagen, als die Nachricht eine Prise Empörung enthielt. Das unvermutete Vorgehen hatte sich, glaubte man der Stimme am Telefon, am Nachmittag abgespielt, offenbar in der Stille des Dorfes und dem milden Licht des Monats September! Zwei junge Männer, *Nic et Stéph*, ihm wohlbekannt, seien vom Grundstück eines Nachbarn aus mit Hilfe eines Baggers in seinen Garten ›eingebrochen‹. Sie hätten dabei einen Teil des Zaunes samt Pfosten niedergelegt und sie beim Hin- und Herfahren in die Gartenerde eingewalzt. Es wäre am besten, er käme so schnell, wie er könne, selbst vorbei.

Der Besitzer konnte ziemlich schnell vorbeikommen: Ich kam, sah und ... hätte am liebsten losgeheult oder irgendwie zugeschlagen. Nur wie und wo? Beide Jungen waren dem kleinen Publikum, das umherstand, wohl bekannt. Sie hatten fürs Erste gründliche Arbeit geleistet. Ihr Arbeitstag schien bereits vorüber zu sein. Mir blieb nichts anderes übrig, als den aufkeimenden Ärger, so gut ich konnte, zu unterdrücken. Ich gab den Umstehenden die Hand, darunter die auffallend schlaffen und erdigen der beiden ›Delinquenten‹, deren Blicke mir ausgewichen waren. Zu allem Überfluss hatte ich dabei noch »Nichts für ungut!« gemurmelt – in der Aufregung auf Deutsch!

Das Loch war nicht einmal ein Loch im klassischen Sinne, es glich einer formlosen Grube. Ihre Ränder waren abgeflacht und mit Resten glitschigen Wasens bedeckt. Man sah, dass die beiden jugendlichen Draufffahrer auf eine imaginäre Mitte gezielt hatten. Was sich die beiden dabei gedacht hatten! Sie hatten sich sehr wohl bei dieser ungewohnt robusten Arbeit etwas gedacht, wie sich kurz darauf herausstellen sollte.

Nic et Stéph! Ich kenne sie von Kindesbeinen an. Man hatte gemeinsam in französischen und deutschen Kinderbüchern geblättert und radegebrecht, die Namen von Pflanzen und Tieren in der fremden Sprache geübt, wenn auch vergeblich. So war *l'escargot* nicht zur »Schnecke« mutiert, *le mouton* nur eine Zeitlang zum »Schaf« und *le loup* war nur im Märchen der »Wolf« geblieben. Leider beschränken sich ihre Deutschkenntnisse auf »Guten Tag«, auf »Danke sehr« und »Wiedersehn«. Nur war heute alles andere als ein ›guter Tag‹. Und auch ein Dankeschön meinerseits für das Loch war kaum zu erwarten. Angebracht erschien mir vielmehr der strenge Ton einer Ermittlung.

Was dieses Loch bedeuten solle? Wozu den Zaun niedergelegt, wenn er vorher hätte abmontiert werden müssen? Wer denn ihr Auftraggeber gewesen sei? Woher denn die schwere Maschine stamme? Und wer das alles bezahlen solle ...

Der Auftraggeber sei doch ich gewesen! Noch bei meinem letzten Besuch vor vierzehn Tagen hätte ich darüber geklagt, dass mir niemand bei der Gartenarbeit zur Hand gehe. Und mit Nic besprochen, wie ich es anstellen würde, wenn ich einmal meinen Plan, einen Teich anzulegen, verwirklichen wolle. »Nun«, sagte Nicolas, dem ich stets mehr zugetraut hatte als seinem Freund Stéph, »das ist doch ein klarer Auftrag gewesen, oder nicht? Und da haben Stéph und ich gedacht: Wir helfen ihm!« Nicht nur gedacht, sondern auch getan, wie ich feststellen konnte! Und mich vor vollendete Tatsachen, *faits accomplis*, gestellt!

Eine beliebte Methode, etwas zu erzwingen, gang und gäbe im Privaten, ebenso in einer bestimmten Öffentlichkeit. Getreu dem Motto: Der Abbruch würde mehr kosten als eine angemessene (!) Geldstrafe: Messen wir in unserem Falle die Strafe großzügig nach unten und belassen es dabei.

Um schließlich die Auseinandersetzung mit den Jungen zu beenden, gab ich klein bei und erfuhr, dass die Werkzeuge und die Maschine aus ziemlicher Entfernung entliehen waren und in ein bis zwei Tagen zurückgeführt werden mussten. Der deutsche ›Auftraggeber‹ garantiere, wenn auch in Abwesenheit bei der Verhandlung, für die ordnungsgemäße Abwicklung der Ausleihe, hatten die beiden behauptet. Die Elternpaare ließen mich gleich danach wissen, dass sie von nichts gewusst und folglich auch für nichts einzustehen hätten. Bei den *gamins*, »Jungen« war sowieso nichts zu holen.

Bargeld ist rar auf dem Lande. Schuld und Sühne zu verteilen, nicht leicht. Sie in Euros umzulegen, mangels Masse fast unmöglich. Mit Barem ist man nicht so flott zur Hand. Ich kannte das zur Genüge. Es war halt so. Und es würde noch eine ganze Weile so bleiben. Die Uhren gehen nicht überall gleich.

Und mir, dem ›Auftraggeber‹, blieb es überlassen, am Ende die nicht geringe Summe zu begleichen und damit eine weitere deutsch-französische Auseinandersetzung im Kleinen zu vermeiden. Sie wäre auch nicht in die Annalen der beiden Länder eingegangen. Dem Autor, den einige Bewohner des Dorfes noch nach Jahren mit *l'allemand* bezeichneten, wenn jemand nach seinem Haus fragte, erschienen Querelen über Schulden eben dieses Deutschen dennoch unangebracht; dies in einer Region, in der vor noch gut erinnerten Zeiten die Menschen, mehr als in anderen Teilen Frankreichs, leidvolle Erfahrungen mit deutschen Einmarschierern gemacht hatten.

Kommt Zeit, kommt Rat. Zeit kam und ging. Der Rat blieb aus. Dafür hatte der Himmel ein Einsehen: Aus dem aufgerissenen Erdloch, *trou*, war mit der Zeit und meiner Nachhilfe eine Mulde, *un creux*, geworden, die sich langsam mit Leitungs- und Regenwasser füllte und zu einem lebensfrohen Teich heranwuchs. Die Natur überließ dem ehemaligen Loch ihre reichen Gaben. Die Oberhand gewann schließlich eine weitverzweigte Seerose, *nénuphar*, die Oberstimme ein dicker Frosch, *une grosse grenouille*, der bisher alle anderen mit seinen weiten Sprüngen übertroffen und den auflauernden Katzen entgangen war. Das Loch hatte sich in einen Teich verwandelt. Es war nicht mehr ein Fehler oder etwas Fehlendes, sondern lebensfrohes Dasein.

3

Minimaler Abgesang: Ein besonderes Loch wäre – zum schlechten Schluss – das Loch im Kopf. Es hat im *Département Meuse*, Maas, eine lange und grausame Tradition.

Manchmal fließt Blut aus einer tiefen Wunde. Mit Mull gestopft, versucht der Helfer, sie zu stillen, das entweichende Leben aufzuhalten. Manchmal ist es zu spät dazu. Oder das Projektil ist in einen Körper, ein fleischliches, stählernes, steinernes Gehäuse eingedrungen und hat ein gähnendes Loch hinterlassen. Bestenfalls ein glatter Durchschuss! In der Frühzeit wurden solche Löcher von Steinen verursacht, die vom Feind geworfen, geschleudert oder geschossen worden waren. Im weiteren Verlauf der Geschichte der Bipeden verwandelten sich die Steine in Kugeln, in Granaten, Bomben, Raketen, bis hin zu atomaren Waffen. Letztere verursachen keine Löcher mehr, sondern die totale Auflösung fester und weicher Gebilde. Das Nichts ist an die Stelle des Seins getreten.

Links und rechts des Dorfes, in dem das Gartenloch gegraben wurde, ist je ein kunstvoll angelegter Soldatenfriedhof einzusehen, der eine von deutschen Soldaten für ihre gefallenen Kameraden in der Etappe angelegt, der andere vom ehemaligen Feind in Auftrag gegeben. Die Ergebnisse können sich sehen lassen. Die feldgrauen Kreuze – die gefallenen Sieger erhielten weiße Kreuze – und einige Stelen – Juden – haben die Zeiten überlebt. Die Namenslisten der Toten liegen in einer Metallkassette bereit. Für die Handvoll Besucher im Jahr. Bereitsein ist alles. Die Löcher in den eingegrabenen Körpern sind seit langem verwachsen.

Anderswo sind die Löcher noch zu tausenden zu besichtigen:

eingelassen in die namenlosen Schädel, aufgesammelt und in den unterirdischen Kammern des Mahnmals von Douaumont (Meuse) aufgeschüttet. Es sind nicht ›Löcher als solche‹, wie der Philosoph sagen würde, es sind ganz gewöhnliche Löcher, nicht einmal die zerfransten Löcher in der Hirnschalen der Unbekannten, die die Nachgeborenen mitten ins Herz treffen, sondern die glatten, runden Löcher in vergilbten Schädeln. Es ist vielmehr die Einmaligkeit dieser Löcher in hunderttausendfacher trister Wiederholung, die den Besucher in Nachdenklichkeit stürzt. Sie erzeugt seine Furcht davor, von innen heraus würde plötzlich ein tausendfaches Feuer aus diesen Löchern erwidert: Das Feuer, das einst, zumindest am Anfang des Krieges, in den Herzen der jungen Rekruten als Feuer der Begeisterung gebrannt hatte und zur Asche zu späten Erkennens zerfallen war.

Es ist die Fremdheit mit sich selbst beim Anblick des Nichts, die den Besucher jedesmal überfällt, die darin aufblitzende Einsicht in die Regel, nach der das Lochspiel jedesmal endet.

DIE LIEFERUNG

Der alte rasselte, als habe er nicht nur Asthma, sondern eine akute Bronchitis, sagte sich der Deutsche, der aus einer Bergarbeitergegend stammte. Manchmal, besonders an solch heißen Tagen wie gerade heute, rasselte er sogar, als habe er eine Steinstaublunge und werde es nicht mehr lange machen. Am Ende jeder Laufrunde schepperte er nach: Trieben nicht in seinem Innern ein paar Kobolde ihr vorlautes Unwesen? Und kurz vor Ende jeder seiner Laufrunden schüttelte er sich und scharrte aufmüpfig mit den Füßen, als wolle er seinen Stellplatz verlassen. So schien es uns, den hiesigen Wahlheimatlern, in der letzten Zeit. Und die letzte Zeit war so lange her, dass wir uns nicht mehr an den Beginn seines eigenartigen Verhaltens erinnern konnten. Wenn es zu schlimm mit seinen Ausbrüchen wurde, beruhigten wir ihn mit sanften Worten und baten ihn innerlich, noch eine Weile durchzuhalten.

Bei näherem Hinsehen hätten wir natürlich feststellen können, dass dieser weiß lackierte Kasten, ein Kühlschrank mit etlichen Schrammen, wackeligen Füßen und einer nicht mehr dicht verschließbaren Türe, einem Handgriff aus serbo-kroatisch scharfem Metall, in die Jahre gekommen war, schon, als er hier im französischen Domizil seinen letzten Dienst antreten musste. Er hätte stattdessen zur letzten Ruhe begleitet werden müssen – war er doch reif für die neu eingerichtete *déchetterie*, einem Werkstoffhof, auf den man offiziell große Stücke hielt. Eine solche Innovation am Rande der Kantonsstadt ist hier auf dem Lande noch etwas, was seinen Namen »Erneuerung im ökologischen Sinne« verdient. Sie wird vom Zauberwort *le tri* gewährleistet. Es bedeutet Trennung von Haus-, Sperr- und Sondermüll, sowie Glas, Papier, unsterblichen Plastiken und allem, was in Haus und Garten an- und abfällt. Je weitergehend die private Mülltrennung befolgt wird und fortschreitet, desto leichter fällt es der aufsammelnden Gemeinde, die bereitgestellten Einheiten zu Elementen zu erklären und sie aus Kostengründen wieder zusammenzuwerfen. Was dann zurückbleibt erscheint als geringe Masse und erzeugt im Kreise der Umweltbewussten ein ruhiges Gewissen. Amen!

Immerhin »lief« der alte Kühlschrank noch, wäre beinahe fortgelaufen. Aber er war bisher bei uns stehengeblieben, wie oben beschrieben. Es wäre so weitergegangen, hätte der Sommer 2003, wie in den Annalen nachzulesen, nicht mit einer ungewöhnlich hohen Hitzewelle Alarm geschlagen. Wir lasen es täglich im *Est-Républicain*, hörten es bei *Radio Luxembourg* oder auf der *Saarlandwelle*, spürten es am eigenen Körper, sahen es an fremden Körpern und würden es nach einiger Zeit auf der Stromrechnung feststellen.

Es musste endlich ein neuer Kühlschrank her! Der alte hatte seit langem Energie *en masse* verbraucht, Strom der *Electricité de France, EDF,* und dazu beigetragen, dass diese den Bau eines weiteren Atomkraftwerks, *centrale nucléaire*, durchsetzen konnte. Das mäßigte zwar die Strompreise, erhöhte aber das Strahlungsrisiko. Die Strahlen waren nicht zu sehen, die Kosten aber zu spüren. Der neue Euro kostete Geld ...

Wir Grenzgänger machten jedoch nicht den Fehler, uns über solche Praktiken staatshöriger Betriebe in Frankreich erhaben zu dünken und uns in die Niederungen der hohen Politik zu begeben, sondern begaben uns, jedwede Kritik unterdrückend, zu einem Fachhändler für Haushaltgeräte in die nahe Kantonsstadt und nicht in den anonymen Großhandel. Der

Fachhändler hat einen Namen und eine Familie und würde für eine eventuell erforderliche Reparatur zur Verfügung stehen. Natürlich liegen die Preise seiner Geräte über denen der *Grands Espaces*: Sicherheit gegen Aufpreis.

Auf in die Kantonsstadt! Im Laden endeten unsere auf Deutsch und Französisch geführten Überlegungen schließlich bei einem hochkantigen Kühlschrank. Aber es war der Klang seines italienischen Namens, der kaufentscheidend wirkte: *Zanussi*. Das mochte ein Eigenname, ein Firmen- oder Markenname sein; es war dennoch viel mehr. Denn es klang nach *zanna*, »Stoßzahn«, *zannata*, »Stoß mit dem Hauer«, oder *zannuto*, »mit Hauern versehen«, also nach Kraft und Mut. Obwohl: Wozu braucht ein Kühlschrank Kraft und Mut? Egal – sein Klang war auch nicht weit von *zanni*, dem »Hanswurst«, entfernt, einem Pinocchio-Typ, den der männliche Teil des Käuferpaares seit seiner Kindheit liebte.

Insgesamt ein gutes Angebot auf Italienisch.
Europa auf dem Prüfstand.
Wie auch immer: *zack!, hussa!, zanussa!*

Leider hatte der so klangvoll gefeierte Kühlschrank bei näherem Hinsehen eine unschöne Eigenheit, eine Ungenauigkeit. Sein oberer Türrand links wies einen, wenn auch minimal erweiterten, Abstand zu seiner Abdeckung auf, und zwar so, als habe die Türe im Innern über längere Zeit die im Sommer gern getrunkenen *chardonnay*-Weine der Gegend, *méthode champenoise*, aufbewahrt und als hätten ihre Scharniere dem Gewicht nachgegeben. Der eben noch gefeierte Zanussi besaß einen kleinen Mangel, *un difetto*, trug *una imperfezione* mit sich herum. Auf gut Deutsch: Das Haushaltsgerät war unvollkommen! Hat der Käufer nicht ein Recht auf die Vollkommenheit des Gegenstandes, den er zu kaufen gedenkt?

Nach langem Dafür- und Dagegenhalten wollten wir ein makelloses Gerät. Da waren wir uns einig. Obwohl der Verkäufer, ein gestandener Elektro-Meister, sich über unser Verhalten zu wundern schien, trafen wir am Ende eine Vereinbarung über die Lieferung eines anderen, fabrikneuen Geräts: Lieferung innerhalb von zwei bis drei Tagen.

Als ich mich mit einem angefangenen Satz wie *L'exactitude, c' est un héritage allemand ...* entschuldigen wollte, sagte der Verkäufer im Kopfumdrehen: *Ah, les Bosches!* Wer hörte schon gern, er sei ein *boche*, ein Scheiß-Deutscher? Wir jedenfalls nicht. Besonders nicht in dieser Ecke Frankreichs. Und so etwas laut zu sagen oder in einer Situation, in der es um einen geschäftlichen Abschluss geht? Das war ein starkes Stück!

Aber es sollte sich sofort als ein Missverständnis herausstellen: Der Verkäufer hatte vorhin mit der Hand auf mehrere Geräte der deutschen Marke *Bosch* gezeigt, damit wir sie in unsere Überlegungen miteinbezögen. Wir lehnten höflich ab und waren halbwegs froh, dass es sich nur um zwei Elektrogeräte der Marke »Bosch« und nicht um zwei deutsche »Dickschädel« gehandelt hatte.

Wir machten uns auf den Rückweg, ganz im Vertrauen darauf, dass der neue Kühlschrank *pico-bello* sein werde, auf gut Italienisch *perfetto*, wir also einen *Zanussi prima classe* geliefert bekämen.

Zwei Tage danach schaute der Chef höchstpersönlich bei uns vorbei, um uns über den Stand der Dinge zu informieren. Zwar kam er noch ohne Kühlschrank, aber mit dem Versprechen, seinen Einkauf zu unserer vollkommensten Zufriedenheit zu erledigen. *Demain* und nicht *domani* – oder noch schlimmer *magnana*!

Das geschah anderentags. Die *camionnette* der Firma stoppte vor der Haustüre unseres alt-ehrwürdigen Domizils, das mehr alt als ehrwürdig sei, wie der Hausherr gerne betonte. Der

Meister ließ den Schrank zu Boden gleiten und bugsierte ihn auf dem Sackkarren neben die vorgesehene Stelle im Haus. Den alten hatte er mit ein paar Handgriffen weggerückt, um ihn nachher zur Entsorgung mitzunehmen. Nachdem er den neuen Kühlschrank mit der Maßgabe, nun könne die EDF, was den *frigidaire* anbelange, nicht mehr so viel kassieren wie vorher, an das Stromnetz angeschlossen hatte, regulierte er die Füße des Schranks. Der Hausherr stand mit zwei Wasserwaagen bereit, einer handlichen kleinen und einer größeren. Es dauerte seine Zeit, bis es ihm recht war. Waagerecht.

Der Kühlschrank erhielt seine mehr oder weniger nahrhaften Inhalte. Er surrte leise vor sich hin. Ob aus Pflicht oder vor Vergnügen war in so kurzer Zeit nicht festzustellen. Aber ein paar Tage danach ließ sich durchaus feststellen, dass ihm das alte Leiden noch anhaftete: Der Spalt zwischen dem oberen Türrand bestand auch bei diesem Exemplar – links breiter als rechts! *Al diavolo!* Was tun? War das neue Gerät nicht doch das alte? War der Chef ein Meister des psychologisch durchdachten Verkaufens? Hatte er damit gerechnet, dass es diesem fanatisch genauen Deutschen letztlich zu unbequem sein würde, den Kühlschrank wegen einer solchen Kleinigkeit wieder auszutauschen, zumal die Hitze seit Tagen zunahm? Glaubte er an die Einsicht oder die Geduld seines Kunden? Oder daran, lieber die Zeit für sich arbeiten zu lassen?

Denn im Laufe der Zeit würde der Spalt des »fabrikneuen« Kühlschranks ohne Weiteres größer geworden und das Ergebnis das gleiche wie heute sein. Man dürfe eben nicht den Bäumen widersprechen – hatte bereits der große französische Moralist Nicolas Boileau angemahnt. Den Bäumen nicht, und nicht erfahrenen französischen Verkäufern von Haushaltsgeräten. Der Kühlschrank blieb jedenfalls *cool* und arbeitet seitdem mit *grandezza*.

MIGNON

Den Korbwagen des *Supermarché* durch die Kurve auf eine der Schlangen vor den Kassen zusteuern – ihn dabei sinnigerweise mit *Hello, my caddy!* bezeichnen, das Spielchen weitertreiben mit *Hello, my pussy cat* und es vorläufig im sprachlichen Discounter abschließen mit *Poussez my cadd!* In Gedanken den seltsamen Wortvögeln folgen, die seit Jahrzehnten den Atlantik überqueren.

Discounter: Markt, auf dem die Ideen und das Kapital konkurrieren. »Überlassen wir das doch dem Markt«, heißt es, wenn der Absatz einer Ware ins Stocken geraten ist. Der Markt schafft Wahlfreiheit für Waren, eine vermeintlich primäre Form der Freiheit. Niedrige Preise im Blickpunkt der Käufer sichern seine Existenz und erzeugen den Schein des Rechts – recht und billig. Recht, weil allgemein gebilligt? Oder nicht doch brecht und rillig, wie Unbelehrbare meinen.

Den Reiz des Billigen suchen: tief in das Fach des Regals mit dem Jahrgang eines Zweitausendsiebeners hineinlangen und die beiden letzten Flaschen des *château* in den Einkaufswagen stellen. Den Kenner mimen. Den Roten dieses Jahrgangs am Flaschenhals ergreifen, ihn umdrehen, das Etikett studieren, die Rebsorte, seine Randlage im Anbaugebiet des *bourg* ... Das Ergebnis: Er ist zu empfehlen, denn im Gegensatz zu den benachbarten Regalen, ebenfalls französische Rotweine, *rouges*, wurde dieses Fach häufig abgegriffen. Wahrscheinlich von ›Kennern‹, normalen Weintrinkern, wie Du einer bist oder sein willst, die, nachdem sie das Rauchen aufgegeben haben, sich zumindest erlauben, nicht zuletzt altersgemäß, zur Flasche zu greifen. Man muss ja danach nicht immer ein Lied davon singen.

Aber beim Weinkauf kommt noch etwas anderes hinzu: der Preis. Auch der Preis muss stimmen. Er sollte eine mittlere Lage zwischen Gesöff und edlem Tropfen einnehmen. Man erkennt ihn in Frankreich – nüchtern betrachtet – daran, dass er eine *médaille d'or* oder *médaille d'argent* trägt. Die Winzer, *viticulteurs*, früher gemeinhin *vignerons* genannt, sind zwar einer gebietlichen beziehungsweise gebieterischen Kontrolle unterworfen, konkurrieren untereinander, sind aber, wenn sie in offizieller Mission unter sich sind, lieb zum jeweils anderen und verleihen sich reihum eine der beiden Auszeichnungen. Das gebietet die Achtung vor der Leistung des Kollegen, schafft gute Laune und fördert den Absatz gegenseitig, *mutuellement*.

So wie die *caisses mutuelles*, in die die vielen Glücklichen hineinbezahlen, damit die wenigen Unglücklichen ausbezahlt werden können. Die Differenz zwischen Ein- und Ausgängen kassieren die Versicherungen, *assurances*, weswegen sie ja häufig unter dem Titel *caisse*, »Kasse«, firmieren. So gehörte ich bisher zum Glück nur zu den Einzahlern, was mein Domizil, die *habitation secondaire*, anbelangt.

Gedanken – ein bisschen weinselig? Obwohl die ausgewählten Flaschen noch verschlossen sind? Dafür eine Menge Anreize zum Nachdenken im *supermarché*. Die Nöte des Alltags denkend überwinden. Ich denke, also überwinde ich! Die schiere Notwendigkeit, die täglichen »Bedärfe« – was für ein schönes Wort! – zu überwinden. Oder sie nur zu prüfen und es dabei zu belassen. Das Lassen als Aufgeben – im Gegensatz zum Halten. Gelassenheit beim Voranschreiten.

Wenn nur nicht diese Schlangen vor den Kassen wären! Sich die Fragen stellen: An welcher der vier Kassen geht es am schnellsten voran? An welcher sich am besten anstellen? Welche der *superettes* ist die flinkeste? Welche ist die schönste? Welche die angenehmste? Sich die Wartezeit damit vertreiben. *Attention!* Deshalb sind möglichst alle Faktoren zu berücksichtigen: Männer und/oder Frauen. Wenn Männer zahlen, so die Erfahrung, geht es meist flotter an der Kasse voran, *ça avance plus vite*. Sie legen gern einen Schein auf die Theke und lassen sich Kleingeld herausgeben. Frauen suchen minutenlang im Portemonnaie nach dem fehlenden Cent. Finden Sie ihn nach Sekunden, Minuten, ist es o.k. Finden sie ihn nicht, zögern sie, legen dann erst eine größere Euromünze hin. Ältere Frauen strapazieren beim Bezahlen – ohne es wahrzunehmen – die Nerven der Anstehenden. Sie kramen ihr Scheckbuch des *Crédit Agricole* hervor, schlagen es auf, suchen nach einem Stift in ihrer Handtasche, setzen die Brille auf und beginnen den Scheck auszufüllen – wie hoch war noch die Summe?

Du schaust zu. Denkst: »Bleib gelassen, lieber Freund!« Erwischt Dich beim Heraufholen eines Begriffs aus dem Deutschen – »Fortschrittlich« – und eines Vergleichs zwischen hüben und drüben. Die Scheckkarte wäre eine Lösung, oder? Aber hast Du, wenn Du so alt bist wie die Frau da vorne, noch deine Geheimnummer im Kopf? Sicher! Bestimmt! Doch, vielleicht. Oder doch nicht mehr?

Dieses Nullsummenspiel! Am Ende wird es gleichgültig sein, ob du in der ersten oder vierten Schlange deine Rechnung unter dem Vermerk *Total* erhältst. Um dich wieder freizumachen, musst du bezahlen. Ein paar Minuten gewonnen, einige Sekunden verloren. Du weißt nicht einmal, wozu du die Zeit nutzen willst. Und: Lässt sich die Zeit überhaupt benutzen? Oder läuft sie von selber ab, dich dabei bloß als Statist, als Feststeller benutzend? Gedanken, nicht über Fremdes, sondern Gedanken, die zwischen eingepackten Sachen herumliegen.

Inzwischen geht es in deiner Reihe allmählich vorwärts. Du darfst nicht vergessen, deine Waren auf dem Laufband mit einem Schieber vom Vorläufer zu trennen. Ach, das Kleinkind vor dir auf dem Arm der Mutter. Beachtlich. Niedlich. Es blickt dich an. Mal senkt das Baby den Blick, nachdem du es – weiß der Teufel warum! – wohl zu lange fixiert hast. Nun hebt es wieder den Blick. In der Wiederholung gewinnen die Hebungen und Senkungen spielerische Züge. Sie gleichen denen eines Versmaßes.

Mignon, Mignonne!, murmelst du, älterer Mann mit weißgrauem *moustache*, aber mit den freundlichen Augen des Vierjährigen, der du einmal auf dem Foto mit Bubischnitt, Samtanzug, Seidenrüschen warst – nicht wahr? Du erinnerst dich. *Mignon*. Auf deinem inneren Lesepult Goethes Gedicht aufgeschlagen und daraus zitierend:

Kennst du das Land, wo die Zitronen blühn,
Im dunklen Laub die Gold-Orangen glühn

Poetische Lust. Ein Schmetterling, ein Zitronenfalter im offenen Mund der Kleinen. Eine leicht torkelnde Botschaft an den fremden Winzling auf dem Arm seiner Mutter. Die kann nicht hinterrücks sehen, dreht sich jetzt aber halb zu dir um. Sie hatte wohl die Bewegungen ihres Kindes gespürt. Nun rückt sie ihr Baby auf dem linken Arm zurecht, ein Ruck, einer Abwehr gleichkommend, die Zurechtweisung: »Ein fremder Mann! Böser Mann! Hüte dich vor fremden Männern. Er ist ja nicht dein Vater, kann es auch nicht mehr werden.« Und mit einem Blick in die Augen des Kleinkindes: »Erinnere mich nicht an deinen Vater!«

Ein sanfter Wind vom blauen Himmel weht,
Die Myrte still und hoch der Lorbeer steht

Das Kind scheint seiner Mutter nicht zugehört, dafür aber Gefallen an dem Blickwechsel mit dem weißgrauen »Moustachemann«, gefunden zu haben. Du ebenfalls. Du setzt das Spiel fort, variierst, indem du zuerst mit einem Auge zwinkerst, dann mit einem Ohr wackelst; auf der zweiten Stufe zuckst du abwechselnd mit den Augenbrauen und den Ohrläppchen. Das gefällt dem Kind. Es stößt mit seinen Fäustchen in Richtung des Kopfes des fremden Mannes und lächelt ihn an.

Kennst Du es wohl?

Wieder will die Mutter das Kind auf ihrem Arm zurechtrücken. Hierher geschaut! Aber der Kleine – die Kleine? – sträubt sich, möchte das Spiel fortsetzen. Der Winzling hält für einen Moment stand und dreht wieder den Kopf nach dem Mann um.

Dahin! Dahin,
möcht' ich mit dir, o mein Geliebte(r) ziehn!

Die Mutter ist an der Reihe. Mit dem Kind auf dem Arm sucht sie nach ihrem Portemonnaie.

EIN FREUND DES HAUSES

Tom kam gerne zu dem älteren nichtehelichen Paar nach Hause. Zu *Monsieur* und *Madame*, wie sie hier angeredet wurden, hieß für ihn, in das französischen Dorf anreisen, in dem sich deren altes Haus befand. Das Haus war vor langer Zeit von einer Winzerfamilie bewohnt, vor noch längerer Zeit, von wem auch immer, erbaut und in den letzten Jahren von ein paar deutschen Freunden, darunter auch Tom, erneuert worden.

Wie eine Belohnung dafür erschien kurze Zeit danach ein Foto in einem regionalen französischen Buch: Das Haus sollte ein gelungenes Beispiel für die Renovierung eines Altbaus sein, ganz ohne Architekt, aber mit Gespür für das Erhaltenswerte! Ein Lob aus fremdem Munde. Die Schwächen überging man freundlicherweise. Balsam für die müden Knochen.

Denn das Paar war inzwischen älter geworden, sah das Alter aus vielen Einzelheiten hervorkriechen, zählte sie aber nicht auf, sondern übersah sie geflissentlich. Wie sollte man sich gegenseitig sein Alter vorhalten, selbst wenn beide sich für Wahrheitsliebende hielten? Deshalb brauchte man noch lange nicht zu den Wahrheitssuchenden zu gehören. Es genügte durchaus, die Wahrheit zu lieben und das Suchen nach ihr zu vermeiden. Sowieso tauchte sie in letzter Zeit in vielerlei Gestalten und an allen Ecken und Kanten auf. Was sich dabei herausstellen würde? Die Falten an den Gesichts- und Halspartien, die kleinen Schmerzen in den Gelenken und die Mühe beim

Bücken. Das haben die Tage in der tiefen französischen Provinz so an sich: Die Morgensonne würde es ans Licht bringen. Sie scheint, wenn sie denn erschienen ist, bis auf den Kaffeetisch und lässt es ratsam erscheinen, die Dose mit frischer Butter aus ihrem Schein zu rücken, sonst würde sie schmelzen und ranzig werden. Im Dorf selbst gibt es keine Butter zu kaufen. Deshalb ist sie – nicht nur im Sinne der klassischen Markttheorie – ein knappes Gut.

Tom, der alleine lebte, kam gerne zu uns nach Hause. Er fuhr häufig über Land. Darin glich er dem Hausherrn. Er sei, sagte Tom bei Gelegenheit im Schatten der Terrasse, auf der wir den *Gris* der Gegend probierten, wohl ständig auf der Flucht aus seinem Zuhause. Es diene ihm höchstens als Fluchtpunkt. Die nächste Abreise stehe immer kurz bevor. Am liebsten käme er zu den beiden. Eine gewisse Seelenverwandtschaft ließe sich nicht leugnen.

Monsieur und Madame freuten sich jedesmal, wenn Tom mit seinem teuren Markenauto an ihrem Hause vorfuhr. Besuche finden nicht mehr so häufig wie früher statt, als sie jünger waren und ein Besuch bei ihnen noch mit einem kleinen Abenteuer verbunden war. Im Zuge der allgemeinen Weltoffenheit hatte unser abgelegenes Heim an Reiz verloren. Mit den Besuchern erging es ihnen wie dem Hausherrn mit seinen Haaren: Sie fielen auch im Sommer aus, Schuppen legten sich auf Schulter und Kragen; beides geriet in den Sog des Staubsaugers und kam nicht mehr wieder ... Melancholia, nicht nur im September.

Tom war da anders. Er kam gerne zu den beiden Wahlfranzosen mit seiner Mappe unterm Arm, dem federnden Doppelmeter und einem Kugelschreiber in der Hand. Das zeichnete ihn von vornherein als handwerklich begabt aus. Folglich hatte er den beiden im Laufe der Jahre ein paarmal bei Instandsetzungsarbeiten geholfen – freiwillig und ohne etwas dafür zu verlangen. Er hatte mitgeholfen, das Haus in Schuss zu halten, wie man im Deutschen sagt, was man aber in dieser vom Ersten Weltkrieg gebeutelten Gegend nicht allzu wörtlich nehmen durfte. Sonst ginge der Schuss nach hinten los. Tom nahm es auch nicht wörtlich, denn er wusste leidlich Bescheid um die Grausamkeiten, die sich die Erbfeinde – Deutsche und Franzosen – damals gegenseitig angetan hatten.

Nun saß Tom auf der überaus friedlichen Terrasse und legte seine Schreibutensilien neben sich auf den schweren Eichentisch. Alles musste seine Ordnung haben. Dann schaute er schräg nach oben, drehte seinen Kopf in die Richtung, aus der in dieser Nische zwischen den Hügeln der Wind zu kommen pflegte, und machte eine erste Notiz. Dann stand er auf, ging den langen, nach hinten abgeflachten Giebel des Hauses entlang, kratzte in Augenhöhe am Putz, bückte sich und stocherte mit dem Kugelschreiber da, wo die Mauer in der Erde verschwand. Für ein paar Minuten war er in den unteren Teil des Gartens abgetaucht.

Auf die Terrasse zurückgekehrt, schlug er seine Mappe auf und teilte das DIN A4-Blatt in Felder ein. Oder waren es diesmal Spalten? Monsieur, der wie gewöhnlich seinen Gästen gegenüber aufmerksam war, konnte diesmal nicht genau sehen, was Tom gerade notiert hatte. Dafür hob dieser jetzt den Kopf und sagte, es gäbe, wie er, der Hausherr, wohl wüsste, erstens die längst überfälligen und zweitens die unbedingt notwendigen Arbeiten im Haus, am Haus und um das Haus herum zu erledigen, besonders jetzt im Frühjahr! Das Gelände sei riesig und man müsse es in den Griff bekommen. Tom gebrauchte diesen Ausdruck aus dem Deutschen: zupackend müsse das sein und nicht im Sinne eines *Laissez faire, laissez passer!*, wie es, und das mit einem Anflug von Grinsen, doch hier in Frankreich üblich sei.

Monsieur und Madame nickten zustimmend – aus angelernter, nicht angeborener Höflichkeit. Sie hätten, danach befragt, ohne Weiteres gestanden, dass es sich um eine reine Gewohnheit handele.

Tom hatte inzwischen seine Aufzeichnungen mit neuen Notizen ergänzt. Nun schloss er seine Arbeit mit dem Hinweis ab, wie wichtig es sei, die anstehenden Reparaturen ständig im Auge zu behalten und zu prüfen, wann, wie und von wem sie in Angriff genommen werden müssten; natürlich, bevor man mit den Arbeiten loslege. Tom sei schon in seiner Jugend klar gewesen, dass man sich keine Mühe in einer Sache zu geben brauchte, wenn man sie vorher nicht auf Herz und Nieren untersucht habe. Er behaupte, das sei wie beim Arzt. Denn dadurch spare man Zeit und Kosten. Seine Erfahrungen im Leben hätten gezeigt, dass viel zu viele Unternehmungen ohne geeignete Prüfungen angegangen würden. Bei solcher Prüfung dürfe es natürlich nicht bleiben. Es müsse dann ein angemessenes Verfahren eingeleitet werden. Ein verfahrensfremdes Verfahren würde nicht zum Ziel führen. Es ende eher als ein Desaster. Ein Wort, das, wie wir wüssten, aus dem Französischen stamme.

Und Tom, ein durchaus sprachlich und politisch interessierter Mann mittleren Alters mit Vorliebe für die Alliteration – »Leib und Leben, Land und Leute« – forderte seine Gastgeber auf, doch nach »Stuttgart 21« und »Gorleben« zu blicken.

Wie? Hatte er vergessen, dass Monsieur und Madame die Einzigen im Dorf waren, die keinen Fernseher besaßen? Und wie sollten sie da von hier aus, aus der tiefen französischen Provinz, auf den Stuttgarter Hauptbahnhof schauen? Das schien Tom ebenso unmöglich. Jedoch nur für einen Augenblick.

Dann diskutierte man allgemein und kreuz und quer über den Tisch. Die Zeit sei reif für Volksbefragungen, für die Umkehr von Oben und Unten, die Demokratie also wieder auf die Füße stellen. Tom verdammte den schädlichen Einfluss der Lobbyisten in den Berliner Ministerien, vor allem die von ihnen beeinflusste »Wendehälsin«, die Bundeskanzlerin. Ein Wetterhahn, *girouette*, sei sie, wie auf den Kirchtürmen in den Dörfern dieser Gegend, was sofort ein Lachen, *éclat de rire*, hervorrief. Im Bereich der Medizin, fand Tom die steigenden Preise bei Medikamenten und die Beiträge zu den gesetztlichen Krankenkassen gemeinschaftszerstörend. Wo bleibe da die echte Solidarität? Gemeinsam lobte man das Solidaritätsprinzip. Leider sei auch dieses Prinzip am Verschwinden. Dennoch: bei näherem Hinsehen könne man nicht alles verdammen! In Frankreich, war man sich einig, sei das nicht so sehr der Fall. Nicht in dem Maße ... Hier in Frankreich, sagte Madame, seien die Medikamente fast um die Hälfte, wenn nicht um zwei Drittel, billiger als daheim in Deutschland. Was wiederum so nicht stimme, denn ihr Zuhause befände sich im Moment ja in Frankreich. Bestimmte Medikamente könne sie deshalb in der Kantonsstadt preiswert einkaufen.

Tom verwunderte solcher Transit keineswegs. Er kannte sich mit Grenzgängen aus. Und bedankte sich herzlich beim vorletzten Glas *pinot noir*. Es gab bei den beiden immer noch ein allerletztes Glas! Denn sie hielten es mit der Großzügigkeit. Er übrigens auch. Dann klemmte er den Kugelschreiber in der Mappe fest, klappte sie zusammen und versprach feierlich, die nötigen Vorarbeiten für die notwendigen Arbeiten in und um das Haus der beiden Freunde gründlich zu prüfen und ihnen beim nächsten Besuch das Ergebnis dieser Prüfung vorzulegen. Danach würde man gemeinsam das weitere Vorgehen beraten.

Danach fiel den Gastgebern – beide wahrheitsliebend, aber in ihrem Alter nicht mehr unbedingt die Wahrheit suchend – bei ihren allerallerletzten Schlucken auf der Terrasse ein, Tom ginge ja inzwischen auf die Fünfzig zu und demnach älter als sie selbst es beim Kauf des Hauses gewesen wären; und er vielleicht Recht hätte, es beim Überprüfen zu belassen. Ihr Haus sei außerdem eine Falle für Unfälle. Tom, wie sie ihn kannten, gehe vorsichtig mit Gefahren um. Immer wieder prüfe er sie vorher. Und erkenne sie meistens. Immer wieder. Erst dann entscheide er. Und das könne man nicht von jedem sagen.

IM POSTAMT

Was, du musst wieder zur Post? Ja, was denn sonst? Ein Mensch, der aufschreibt und niederschreibt – einer, der auf dem Land sitzt in einem Dorf von anderthalbhundert Einwohnern, in einer der mehr als sechsunddreißigtausendachthundert Gemeinden, die das Nachbarland Frankreich offiziell ins Feld führen kann, hat spätestens nach ein paar Tagen das Bedürfnis, sich anderen Menschen schriftlich mitzuteilen. Obwohl du nicht weißt, ob diese Adressaten in jedem Fall dankbare Leser/Innen sein werden. Auch ohne dich ist die Welt mit ihren E-Mailern, Bloggern und Facebookern voller Autoren.

Für dich stellt sich die Frage anders. Siehst und hörst du noch gut genug im sogenannten fortgeschrittenen Alter? Und hast du verstanden, was du gehört und gesehen hast in diesem kleinen Dorf, das selbst die Sanseulotten aus Saint-Mihiel während der Großen Französischen Revolution in Ruhe gelassen hatten? Gibst du das Gehörte und Gesehene authentisch und präzise wieder? Was, wenn du nur die falschen Töne aufgenommen oder wiederum in der Dämmerung die Sonnenbrille aufbehalten hattest? Die Fallen der Missverständnisse, *malentendus*, sind nicht ohne Weiteres zu entdecken.

Der Autor ist längst mit sich ins Gespräch geraten: Wohl oder übel – du musst heute Morgen zur Post. Privatim. Denn das Private hat nicht nur einen Inhalt, sondern auch ein Datum. Das Geschriebene wird von der Zeit mitdiktiert. Solche Mitteilungen haben kurze Verfallszeiten.

Hier auf dem Land gestaltet sich der Gang zur Post oft als eine Fahrt mit dem Fahrrad. Fünf Kilometer sind zu bewältigen. Und nicht auf den nächsten Morgen zu verschieben. Wer weiß, ob es da nicht nur nieselt wie heute, sondern sogar kräftig regnet.

Dann würde deine Post im Ausland, lies: Heimatland, noch später ankommen als gewöhnlich. Die *Poste de France, PdF,* handelt gemächlich, aber gründlich. Die Zustellungen erfolgen abgestuft nach Wertezeichen. Am besten, man sucht das Amt in der Kantonstadt selber auf, wenn man in dieser Gegend zur Post muss. Hättest du dir nicht vorsorglich einen Vorrat an Briefmarken besorgen sollen? Aber welche und/oder wie viele ›Freimarken‹, wie du gerne sagst. Denn ihre Wertigkeiten wechseln hierzulande mit schöner Regelmäßigkeit und in immer kürzer werdenden Abständen. Mal kostet der Normalbrief fünfundfünfzig, mal einundfünfzig Cents. Die PdF, ein altes, kluges Unternehmen, hat deshalb Briefmarken herausgegeben, die keine aufgedruckten Wertzeichen enthalten und zu benutzen sind, solange der Vorrat reicht.

Dein Vorrat ist zur Neige gegangen. Du musst nachher daran denken, dich neu einzudecken. Jetzt mag es dir gleichgültig sein. Zum Aufgeben deiner satirischen Wochenzeitung an den in Deutschland wohnenden Freund reicht es, wenn sie mit dreißig Cents freigemacht wird, was im Vergleich mit den Gebühren in Deutschland auffallend niedrig ist. Lesen die Franzosen mehr Zeitungen als die in »Bild« vernarrten Deutschen? Oder verschicken sie ihre Zeitungen nach der Lektüre öfter an Freunde? Genügen unseren Nachbarn nicht die abendliche *jités*, die Nachrichten im Fernsehen? Doch die wohlgemeinte Täuschung des Traditionalisten? Auch hierzulande hat sich inzwischen die Situation zum Nachteil der Printmedien verändert.

Nicht raisonieren, pedalieren, mein Freund, heißt die Devise!

Und auf den unbefestigten rechten Straßenrand achten, sonst landest du samt postalischen Reflektionen im frisch gemähten Graben der *Route départementale D 908*. Wie auch immer. Du hast bei diesem Wetter gezögert, zur Post zu radeln.

Hast du deren Möglichkeiten unterschätzt?
Das Prinzip der Kommunikation vernachlässigend?
Misslichkeiten beim Versenden fürchtend?

Schluss mit der Fragerei. Das Ziel der kleinen Reise liegt vor Augen – und vor deiner Nase das *bureau de poste*, großschrieben, weil es keines der üblichen Büros, kein *bureau de tabac* zum Beispiel, schon gar kein Schreibtisch ist, *un bureau*, sondern ein Amt, weswegen es mit »Postamt« übersetzt wird. Ebenso handelt es sich nicht um eine Poststelle, wie sie neuerdings in der Bundesrepublik Deutschland anzutreffen sind, in einer Ecke im Schreibwarengeschäft oder in einem renovierten Wohnzimmer, sondern um ein Amt mit mehreren Räumen, in denen von Amts wegen Handlungen von Post-Beamten, *fonctionnaires*, vollzogen werden. Einer davon, eine Art Monsieur Hulot*, ist dir noch gut in Erinnerung geblieben. Über Jahre hinweg hatte er die Post in den umliegenden Dörfern verteilt. Post und Päckchen führte er in einer ledernen Umhängetasche und einer Packtasche auf seinem Fahrrad mit sich. Mal sahst du ihn, wie er in die Pedalen seines Dienstrades trat, nicht mit den Fußballen, sondern mit dem Mittelfuß!, mal wie er das Fahrrad schob, je nach Lage der Dinge. Geriet seine Lage in die Schräge, machte er eine Pause. Vor seiner Heimkehr pflegte er hie und da eine Einkehr einzulegen. Irgendwie reimten sich für ihn Heimkehr und Einkehr aufeinander. Die seinem Dienst zugrunde liegenden Heimsuchungen waren stets stärker als er! *Honni sôit qui mal y pense*! Du hast ihm ein ehrendes Andenken bewahrt.

---

* Der Film *Die Ferien des Monsieur Hulot* von und mit Jacques Tati

Noch immer ist *La Poste* in Frankreich ein staatliches Unternehmen! Und man redet die drohende Privatisierung klein, so lange es noch geht. Und es geht schon lange wie in anderen staatlichen Unternehmen auch.

Nun, vor diesem Unternehmen angekommen, das Fahrrad abgestellt und gesichert, betrittst du mit dem Rucksack (für die Baguettes) das *Bureau* in der Kantonsstadt. Und hattest während der Fahrt Zeit genug, dir über dein Lieblingsthema, die sich »verzögernde Einheit Europas« deine Gedanken zu machen. Und in der Tat, Zeit genug dazu hättest du auch jetzt noch, als du dich hinten anstellen musst. Denn die beiden Frauen, hinter denen du stehst, eine jung, die andere so alt, dass sie ihre Mutter hätte sein können, sind gerade am Schalter dabei, zwei Pakete nach England – wie sich bald herausstellt – zu versenden. Sie scheinen bereits seit einer Viertelstunde dabei zu sein, ihre Pakete nach England versandfertig zu machen. Es wird noch länger dauern, bis sie die beiden Zettel, *fiches*, die dazu nötig sind, ausgefüllt haben werden. Soviel sich ihrem holprigen Französisch entnehmen lässt, sollen sie die Inhalte der Pakete angeben. Die Frauen beraten, in welchem der Pakete sich wohl dies oder das befindet. Befinden sollte. Denn je unklarer der jeweilige Inhalt des Pakets ist, desto strittiger wird die Lösung ihres Problems. Irgendwann jedoch einigen sie sich wie beim Rätselraten im Fernsehen und nicken der Postbeamtin Einvernehmen zu.

Diese ist nun an der Reihe und liest die Angaben auf den Klebezetteln laut vor. Du hättest es besser mitbekommen, wenn die Beamtin es nicht in ihrem französischen Englisch, sondern in englischem Englisch vorgetragen hätte. Wozu sie in Zukunft noch reichlich Gelegenheit haben wird.

Die Pakete sind unterschiedlicher Größe und Gewicht. Sie werden jetzt abgewogen, die Ergebnisse notiert und von der Beamtin in einem, wie es scheint, vorwurfsvollen Ton vorgetragen. Wird die Fracht die beiden Kundinnen nicht mehr kosten als der Inhalt wert ist? Sollte man nicht sparsamer mit dem Geld umgehen?

Hinter dir hat sich der Schalterraum allmählich gefüllt. Niesen – trotz sommerlichen Wetters – und Scharren mit den Füßen machen auf die Anstehenden aufmerksam. Aber das bezeichnende Hüsteln gibt es noch nicht. Niemand drängelt. Man hat in dieser Gegend gelernt, sich zu gedulden.

Jetzt erscheint im Hintergrund der Kopf des Chefs, den du aus dem *Café Central* kennst. Er grüßt, blickt sich wortlos im Raum um und zieht sich wieder zurück. Kurz danach kommt eine Angestellte herein, kramt in der Ablage und fragt: »Ist denn niemand da?« Worauf die Sachbearbeiterin antwortet: »Nein, niemand!« Sie arbeitet weiter, vergleicht die Eintragungen und stellt fest: »Beide Pakete gehen an dieselbe Adresse in England«. Das war keine Frage, eher ein erstauntes Festhalten.

Es hat ihr einen durchaus zufriedenen Ton entlockt, gerade so, als sei damit eine mögliche Fehlerquelle ausgeschlossen. Daraufhin beklebt sie das zweite Paket mit einem zweiten Zettel und kehrt zum ersten Paket zurück, um es mit einer Marke freizumachen. Das gleiche Verfahren wendet sie auf dem zweiten Paket an. Sie hat es an sich herangezogen, um es präzise ausführen zu können. Beide Pakete beklebt sie nun mit je einem blauweißen Streifen, auf dem *Priorité* zu entschlüsseln ist, was die bevorzugte Verschickung der Ware, ihre schnellere Zustellung, bedeuten soll. Zum Abschluss erhalten beide Pakete je einen Doppelschlag mit einem massiven Stempel: den ritterlichen Freischlag. Damit sind die beiden Pakete nach England in den internationalen Post-Stand erhoben.

Dann macht sich die Postlerin an die Aufstellung der Kosten. Das dauert: Eintippen und das Eingetippte nachprüfen, bevor das Ganze an den Drucker weitergeklickt wird. Und wie schon zu erwarten war, reklamiert der Drucker »Papier einlegen«.

Die Sachbearbeiterin verschwindet im hinteren Zimmer und taucht in Eile mit einem 500-Blatt-Block in DIN A4 wieder auf. Mit nervöser Hand schiebt sie einen Stapel Papier in die Druckerlade. Gemäß ihrer Eingaben erscheint jetzt die Rechnung mit der Endsumme, *Total*. Fast ehrfürchtig legt sie den beiden Frauen das Ergebnis vor. Die Frauen blicken sich an. Die Ältere legt zwei Scheine auf den Tisch. Die Jüngere sucht nach Kleingeld.

Hinter dir sagt einer der Wartenden: »Für dieses Geld hätten sie auch gleich nach England fahren können!« Er hat es im Dialekt der Gegend gesagt. Sind die Frauen Touristinnen, die hier ihren Sommer verbringen wollen oder Verwandte besucht haben? Sie werden den unerbetenen Rat kaum verstanden haben.

Wenn es denn so wäre. Aber du weißt es nicht. Ungewiss ist auch, ob sie im Sommer, der bestimmt noch kommen wird, das wunderbare Licht über der Ebene der Woevre erleben werden, ein Licht, wie es sonst nur noch in der Toskana aufleuchtet und Besuchern das Tor zur göttlichen Welt der Uffizien öffnet.

DAS GESCHENK

Was soll man machen gegen Feinde? Die Antwort ist einfach: sie bekämpfen. Und gegen gute Freunde? Nichts. Für sie da sein. Sie umarmen und wieder freigeben. Was aber tun gegen die Geschenke dieser Freunde? Gegen Geschenke, die man weder erwartet hat, noch gebrauchen kann? Es mit dem bekannten Sprichwort »einem geschenkten Gaul schaut man nicht ins Maul« halten – auch wenn der Inhalt dieses Satzes einem keine andere Wahl läßt, als die Geschenke mit freundlichem Lächeln dankend entgegenzunehmen? Bewegt sich der ›Gaul‹ in der Gestalt von Ess-und Trinkbarem auf einen zu, so mag es noch angehen; kommt er aber als Nippes oder Haushaltgerät daher, um die bereits vorhandene Sammlung zu erweitern, sitzt man in der Tinte. Dem Rat des Erfahrenen folgen: Das Überflüssige für nützlich erklären und in Anwesenheit der Freunde einen Platz zum Aufstellen oder Unterbringen suchen. Schließlich bleiben sie nicht auf ewig zu Besuch!

Was jedoch tun, wenn dir, wie mir!, sofort die Parallelen mit Geschehnissen in der Antike vor Augen treten, auch auf die Gefahr hin, dass sie den Blick für die Gegenwart trüben? Dem Gaul nämlich in aller Freundschaft *nicht* ins Maul zu schauen, obwohl du keine Angst vor großen Pferden hast, kann sich bitterlich rächen. Denn manchmal greift die Antike mit ihren Fangarmen nach uns: Hatte nicht die Seherin Kassandra die Trojaner davor gewarnt, das Hölzerne Pferd in ihre Stadt zu lassen? Sie hatte es getan. Hatte sich Laokoon nicht nach dem Tod seiner beiden Söhne durch Schlangenbiss ihren Warnungen angeschlossen? Er hatte es. Vergeblich.

Es wäre alles gutgegangen, wenn die Freunde aus der Südpfalz – zuverlässig, freigiebig, liebenswürdig – nicht auch noch aus Dahn, sondern aus Bergzabern gewesen, und nicht mit einem Opel Caravan plus Anhänger vor unserem Domizil angereist wären!

Es war im Märzen, in dem der Bauer früher seine Rösslein eingespannt, jetzt in der Nach-Antike seinen Traktor gestartet, um seine Wiesen und Felder instand zu setzen; für die Nicht-Bauern die Zeit, in der sie den Haushalt reinigen und Speicher und Keller räumen.

Gutgegangen wäre es vielleicht, wenn die Freunde es bei ihrer Ankunft dabei belassen hätten, der Hausfrau ihre sechs Pfälzer Kostbarkeiten zu überreichen: zwei mittelschwere Gläser Blutwurst, zwei Konserven Leberwurst, ordentlich in Fett eingelegt, zwei Gläser eingeweckte Mirabellen – in Lothringen, im klassischen Land der Mirabellen! Naja, das alles würde in den Weinkeller, *cave*, kommen. Für den Hausherrn gab es einen bunt bemalten Hahn aus Blech, *un coq*, »wie es ihn in Frankreich nur ein Mal geben dürfte«, die siebte Kostbarkeit. Den sollte der Deutsche im Garten anbringen, um jeweils die Richtung des Windes feststellen zu können. Es handelte sich um eine Art ›Freiheitshahn‹ vom Fuße des Hambacher Schlosses. Dazu stellten sie einen jungen Mandelbaum auf der Steinbank vor dem Hause ab, die achte Kostbarkeit, mit dem Rat ergänzend, doch die junge Familie von gegenüber mit Ablegern davon zu versorgen. Die hätten ja drei Kinder!

Vorläufiges Ende der Übergabe der Geschenke. Das konservative Dahn ließ mit Geschenken grüßen.

Aber das größte Geschenk verbarg sich unter einer Decke, die über dem Anhänger festgezurrt war, offensichtlich die neunte

Kostbarkeit. Auf ihm war ein wuchtiger Sessel, Bauart sechziger Jahre mit aufklappbarer Fußstütze, mitgereist, und, wie sich herausstellen sollte, nur von zwei Männern gleichzeitig herunterzuheben. Obwohl das Muster des Polsters verblasst war, entströmte dem Ensemble der Charme der Jahre des Wirtschaftswunders, altmodisch, irgendwie antik: »Schon der Opa hat darin gesessen und ferngesehen. Und wer weiß, ob das Altmodische nicht wieder in Mode kommt?«

Leider ist das nicht unmöglich. Sowieso bin ich allergisch gegen alles Riesige, Übermäßige, Übermächtige. Dann laufe ich rot an oder bekomme, in schweren Fällen, an verdeckten Stellen, Gott-sei-Dank!, eine fleckige Haut. Ich war jetzt drauf und dran, sie auch an den aufgewickelten Ärmeln zu bekommen. Mir konnte, liebste Freunde, nur ein literarisches Heilmittel helfen. So die Erinnerung an das Epos von Troja:

Die Stadt Troja schien unbezwingbar. Schließlich ersannen Odysseus und Epeios einen Plan. Epeios, der ein technisch hochbegabter Künstler war, fällte das Holz am Berge Ida und baute mit göttlicher Hilfe der Athene das mächtige Standbild eines Pferdes. Wie bekannt ist, bot das hohle Innere Raum für eine Schar griechischer Helden unter dem Befehl Odysseus'. Durch eine Lügengeschichte des griechischen Spions Sinon und das Unglück Laokoons und seiner beiden Söhne gewarnt, glaubten die Trojaner, nun doch das Hölzerne Pferd in die Stadt einlassen zu müssen. Dass die Stadtmauer dabei teilweise zu Schaden kam, schien ihnen nichts auszumachen.

Dieses Geschenk würde mein Trojanisches Pferd sein. Wie sollte ich mein Heim davor hüten?

Der Sessel diente den Freunden zudem als gewichtiger Hinweis auf das Alter der Gastgeber: »Nun kommt Ihr beide in ein Alter, wo Ihr ... « Man kennt das ja, und ist nicht gerade entzückt über den Fingerzeig. Nun, widersprach ich vorsorglich, den Anflug meiner allergischen Reaktion verdrängend:

»Wir fühlen uns gerade nicht alt in der Zeit, in der wir uns hier aufhalten.« Denn ein solches Landleben sei für uns Städter nicht immer einfach. Es ließe sich eher mit Junggeblieben als mit Altgewordensein begründen. Dieser Opa-Sessel könnte mir das Gefühl vermitteln, ein Auslaufmodell zu sein! Und von wegen Fernsehen in unserm alten Bauernhaus! Wir sind beide Wahl-Dörfler und verzichteten für Wochen auf den Blick in ferne Welten. Wir leben in dieser Ecke des Paradieses, *coin de paradis*, aus der Nähe, möglichst ohne Zuhilfenahme von Apparaten. Das Globale bleibt außen vor.

»Aber man kann nie wissen.«. warf die Freundin verständnisvoll ein, »Ihr könntet mit der Zeit Eure Meinung ändern und einen Fernseher aufstellen. Dann hättet Ihr schon einen tollen Sessel!« Die so großzügig Beschenkten nickten. Was tun gegen die Großzügigkeit von Freunden? Man kannte sich seit langem. Schluss mit der Diskussion! Der Allergie steht letztlich die Einsicht entgegen, dass der Akt des Schenkens wichtiger ist als die Geschenke selber. Aber die Gedanken sind frei. Und so juckte es mich zu sagen: »Wir sind doch kein Museum … « Aber ich schwieg und ging zur Tagesordnung über, obwohl ich auch in Zukunft allem Beschenktwerden gegenüber misstrauisch bleiben wollte.

Die Hausdame jedoch hatte durchaus Verständnis für kleine Geschenke. Für sie war das Brauchbare oft das Nützliche und das Nützliche sogar das Schöne. Das alte Haus war schließlich groß genug. Und soviel Freunde kamen auch nicht mehr zu Besuch … Die Höflichkeit ist eine Form des Anstands. Und der Anstand gebot, seine Gäste, die dermaßen freigiebig gewesen waren, zu einem opulenten Mahl einzuladen. Dazu schien das beste Lokal der Gegend gerade gut genug. Dazu passte auch, dass dieser Tag kein Sonntag war.

Beim Essen machte sich die gewohnte Stimmung breit. Der Ton wurde mit jedem eingeschenkten Glas *Gris*, freundschaftlich-fröhlicher. Beide Seiten hatten sich nicht ›lumpen‹ lassen. So weit schien alles in Ordnung. Im Dunst der gestaffelten Gänge lösten sich die Geschenke in Gefälligkeiten auf. Am Ende ging es nur noch um den Erhalt einer lange existierenden Freundschaft. Sie will gepflegt sein wie der Wuchs in einem Garten, in dem man behutsam die schlechten Kräuter, *mauvaises herbes**, jätet um die guten beim Wachsen zu unterstützen.

Der Besuch fuhr am Abend davon. Der Sessel war im Stall des alten Bauernhauses abgestellt worden. Ein Platz in den Wohnräumen würde sich bestimmt noch finden lassen. Aber der Sessel stand dort eine Ewigkeit herum, sich selbst im Wege und sein Muster fiel beim Vorbeigehen immer noch befremdend auf. Mit jedem Mal lief er Gefahr, von uns für überfällig erklärt zu werden.

Man müsste ihn an jemanden verschenken, dem man damit eine Freude machen könnte ... Zunächst zogen wir unsere liebe und treue Nachbarin Marie in Betracht. Sie kam bei ähnlicher Gelegenheit immer in Betracht, denn aus langjähriger Erfahrung wussten wir, dass beinahe alles, womit wir oder andere Nachbarn nichts mehr anfangen konnten, ihr noch brauchbar erschien. Sie nahm es mit in ihre *ménage-brocanterie*, ihr »Haushalt-Sammelsurium«. Unsere Angebote, beim Aufräumen zu helfen, waren bisher auf unfruchtbaren Boden gefallen, ebenso die der jüngeren Nachbarn! Marie besaß längst das Alter für einen ›Oma-Sessel‹. Aber diesmal kam Marie nicht in Frage. Wer wollte ihr zu allem noch einen ›Gaul‹ schenken? Nein, eine andere Lösung musste her!

Die Lösung fand sich auf der Ebene der Gemeinde. Am Rande des Hauptorts, *canton*, der sieben Gemeinden, *communes*, hatte man vor kurzem eine Mülldeponie eingerichtet,

---

* Leider besitzt das Französische für die »guten« Kräuter keinen gängigen Ausdruck.

nachdem zuvor das Spiel der Trennung des Hausmülls, *tri*, eingeübt worden war. Begonnen hatte es mit Info-Blättern für alle Haushalte, in denen die Abfallarten benannt und zugeordnet, die farbig getönten Plastiksäcke je bezeichnet und beschriftet waren. Nichts konnte mehr schiefgehen. Sollte man meinen. Die Trennung hatte bei den Einwohnern viel Anklang gefunden. *Le tri* war ein Zauberwort und galt als Schlüssel zum Schutze der Umwelt. Bis es einigen ›Böslingen‹ im Dorf gelungen war, hinter die Kulissen der Müllverwertung im Kantonsort zu schauen und zu kolportieren, die sorgfältig getrennten und aufgesammelten Säcke würden hinterher zusammengeschüttet und abtransportiert werden. Abgesehen davon, dass das der kritischen Methode, dem cartesianischen Erbe, widerspricht, haben unsere französischen Nachbarn, wie wir Deutsche erfahren mussten, für eine Wiedervereinigung kein allzu großes Verständnis. In diesem Falle jedoch schien es ihnen gleichgültig zu sein.

So karrte ich, nach einigem Fluchen und Schwitzen, zuletzt mit nachbarlicher Hilfe, das Ungetüm von Sessel mit meinem Kombi zur Mülldeponie, *déchetterie*. Wie es die Regel vorschrieb, wurde am Eingang mein Name von einer Angestellten notiert und die ungewöhnliche Ladung überprüft. Die Gemeinde hatte dort Rampen errichten lassen, abgestuft und mit Containern bestückt. Da aber auch die durchgeplanteste Mülldeponie nicht unbedingt zur Eile mahnt, beriet ich mich mit der Angestellten, was mit dem Ungetüm von Sessel zu tun sei. Man kannte sich von der häufigen Inanspruchnahme her recht gut: Dem deutschen Grenzgänger attestierte man gerne die sekundäre Tugend Sauberkeit! Nun trat ein älterer Mann, Monsieur X, an den Durchlass heran, musterte mit Wohlwollen den blumig gepolsterten Ohrensessel und deutete an, er wolle ihn mitnehmen. Im Format Y liefe gerade eine Serie mit jungen, nackten Mädchen aus dem Dschungel Z. Darin ginge es ganz schön rund. Und dieser Sessel erlaube ihm eine bequeme Haltung beim Sitzen.

Ich verstand ihn nicht recht, hatte eigentlich keine Ahnung, war aber sofort mit dieser Lösung einverstanden. Das würde mir das unbequeme Abladen ersparen. Wenigstens. Endlich war das Dahnaer Geschenk entsorgt.

MOITIÉ-MOITIÉ, HALBE-HALBE

Eine seiner »Tagesfahrten«* steht bevor. Das bedeutete jedesmal vorbereitende Arbeiten. Diesmal würde die Fahrt nach Monthureux in die Südvogesen und im zweiten Teil an die Quelle der Saône gehen. Die junge Saône würde in ihrem weiteren Verlauf nach Südwesten an Masse reichlich zulegen, um sie in Châlons-sur Saône an die Rhône abzugeben.

»Um« (?), ich weiß nicht, fragte sich der Autor. Das finale »um« ist leicht verwirrend an dieser Stelle, »und« wäre als Konsekutiv besser. Oder wäre es das temporäre »bevor sie ihre eingetrübten Wasser in die Rhône abfließen lässt«. Der Gebrauch solcher Konjunktionen kann einen schon nachdenklich stimmen. Überhaupt die Sprünge der Sprache in den europäischen Gärten ohne Grenzen!

Im Vorliegenden jedoch würde es sich nicht nur um Wasser, genauer »Tafelwasser«, *eau minérale*, handeln, sondern auch um Wein, *cuvé maison*, und die dazu passenden Speisen. Der Autor, Leiter, *Guide* – alles in einem – sollte, wenn er mindestens einen Tag lang an einem fremden Ort führt, auf der Hut sein. Schon ein Fehler bei der Auswahl des mannigfaltigen kulturellen Erbes Frankreichs kann ihn um sein Ansehen, und damit um seine Liebhaberei bringen. Dazu gehört nicht zuletzt die französische Küche, obwohl die italienische … So darf das von ihm in Auftrag gegebene gemeinsame Mittagessen der

---

* Oder »Kulturreisen«, wie sie im Reiseprogramm des Instituts gedruckt sind

Gruppe nicht die Gaumen der Fahrtteilnehmer verletzen. Und das kann durchaus passieren, wenn regionale Menus, die er so liebt, nicht den höchsten Beweis für deren Köstlichkeit liefern. Denn die Gaumen, auch der sozial Benachteiligten von heute, sind international durch das System *all inclusive* verwöhnt. Im Gegenteil muss der Organisator von vorneherein bestrebt sein, die mittäglich geprüften Münder der Teilnehmer seiner Fahrten in Lobeshymnen ausbrechen zu lassen. Andernfalls erhielte die ganze Reise einen üblen Nachgeschmack.

So ist ihm eine Norwegen-Reise in warnender Erinnerung, die in die Mitte der siebziger Jahre zurückreicht: welch schönes Land in seiner »herben Frische«, den in seinen Wassern aufleuchtenden Wolken, tausende Spiegel, von den erdigen Kanten der Fjorde eingerahmt, den Ketten von engen Tunneln, durch die hindurch der *CityLiner* sich wagen musste, von oben die Felsen, die die Dachluken des Busses abzureißen drohten, unten, im Innern die Fahrgäste, auf das Schlimmste gefasst – das dann doch nicht eintrat –, gespannt auf das frugale Abendessen und besonders das opulente Frühstück am nächsten Morgen in einem der Holzbauten, Hotels, in denen die deutschen Gäste die Strapazen der Reise ablegen konnten: die reich gedeckte Tafel, Garnituren von Heringstöpfen, Bratfischen, Obst, Broten, Marmeladen ... und hart gekochte Eier. Für die Gäste, die als junge Menschen noch die karge Nachkriegszeit erlebt hatten, ein Zutritt zum Paradies. Einige nutzten es, um bestrichene Brotschnitte einzusacken und Eier in die offengehaltene Handtasche rollen zu lassen – sie verfielen in ihre alte Gewohnheit des »Hamsterns«! Das führte nach wiederholten Malen zu Kommentaren der Hoteldirektionen und telefonischen Vorankündigungen: Passt auf, die deutsche Hamstertruppe ist unterwegs zu Euch!

Der Leser, die Leserin erst recht, versteht nun die Sorgfalt, die der Autor bei seiner jetzigen Essensplanung in Frankreich walten lassen muss. Dennoch führt er sich nicht als Prüfer auf. Vielmehr wandert er durch den Ort seiner Wahl, in diesem Falle Monthureux, und liest die Front der Lokale nach Schriften, Reklamen, Bildern, Fenster, Vorhänge, Pflanzen, Eingangstüre und Menu-Kasten ab, legt erworbene Kriterien an, entdeutscht diese von Fall zu Fall und bringt sie in sein Erfahrungskonzept mit dem Reiseland. Er vergleicht Einzelheiten und Ganzes mit seinen im Innern gespeicherten Mustern und Vorlagen. Diesmal scheint das empfohlene Hotel-Restaurant *Relais des Vosges* den Vergleichen standzuhalten. Wozu denn alt geworden sein, wenn die Vorstellung sich nicht mit Vor-Bildern angereichert hat?

Der Prüfer hat mit seiner Begleiterin das Lokal als unbekannter Gast betreten. Er schaut sich um. Die wichtigsten Kriterien, die vier Säulen seiner Erfahrungen im Ausland, scheinen erfüllt: Einfachheit, Sauberkeit, eine gewisse Wohlhabenheit und die Gerüche, die aus der Küche schwingen und über den Tischen hängenbleiben, sind zufriedenstellend. Essen ist ein wichtiger Faktor auf seinen Reisen. Darin bietet sich dem Gast ein Bild der regionalen Küche, seiner besonderen Esskultur.

Sobald beim Essen das Wohlbefinden der Teilnehmer steigt, lösen sich die Zungen, die Redeflüsse verstärken sich. Die Tischgäste tauschen sich aus: zuerst über die Kunstdenkmäler, die sie am Morgen gemeinsam besucht haben, dann über ihre Familien, die nächsten Anverwandten, insbesondere über die Unverwandten, die niemand namentlich nennen möchte, aber jeder kennt, und schließlich über das Essen zuhause. Ein paar Männer diskutieren über Politik: die zunehmende Abriegelung der Berliner Republik, die Ferne der Politiker von den Sorgen und Ängsten der Bürger. Und der abschließende Satz eines Teilnehmers, wohl eines Kenners europäischer Misere, der Trost spenden soll: In Frankreich sei es nicht viel besser!

Das prüfende Paar ist nach zwei Entrées, *crudités, tourterelle*, wie aus des Nachbarn Garten – zwei *plats du jour, rôti de veau, coq au vin du pays*, in würziger Soße, Käseteller, *assiettes de fromages* und Desserts, *tarte aux pommes, dame blanche*, wie aus Omas Küche, mit dem viergängigen Menu sehr zufrieden. Der samtige Rotwein aus dem Ventoux hat feste Brücken zwischen den vier Gängen aufgebaut. »Über diese kannst du gehen, über sie«, fällt dem Autor ein ... »sieben Brücken«, aber aus dem Zusammenhang gerissen!

Der Wirt hat sich ihnen gegenübergesetzt, Block und Kugelschreiber vor sich hingelegt. Die beiden Deutschen finden ihn sympathisch, wie sie sich später eingestehen. Er scheint ausgeglichen, weder von großen Enttäuschungen noch von Beförderungen durch den Michelin verdorben. Deshalb ist er unser Mann, denkt der Autor und schlägt ihm der Einfachheit halber vor, die beiden geplanten Vorspeisen für die Reisegruppe, getrennt natürlich, herzurichten und sie *moitié-moitié*, Halbe-Halbe, im Wechsel rechts-links oder links-rechts den künftigen Gästen zu servieren. Damit käme man den verschiedenen Geschmäckern mindestens einen halben Schritt entgegen. Das sei flexibler, als den Leuten jeweils nur ein gemeinsames *hors d'oeuvre* vorzusetzen. Seiner Erfahrung nach gehe das problemlos vonstatten.

Der Wirt sieht den deutschen Gast zweifelnd an. Aus dem Prüfer scheint ein Prüfling geworden zu sein und sagt: Er bereite gerne zwei Entrées vor. Aber es einfach vor den Gast hinzustellen, sei ein in Frankreich ungewohntes Verfahren, sei irgendwie beleidigend. Kein Franzose würde sich ein Essen, und sei es nur eine Vorspeise, die er nicht ausdrücklich bestellt hätte, ohne Weiteres vorsetzen lassen. Das würde ihm zu heftigem Protestieren und Gestikulieren Anlass geben.

Der Reiseleiter in spe versucht nun, den Wirt zu beruhigen und versichert, deutschen Besuchern mache das nichts aus. Sie fügten sich schnell in ein solches Verfahren. Man könne es getrost probieren. Er, der Auftraggeber, hafte schließlich dafür. Und obwohl der Wirt den Kopf geschüttelt hat über soviel deutsche Weisheit, nimmt man fast freundschaftlich voneinander Abschied: Ja, man werde sehen!, einmal auf Französisch, einmal auf Deutsch.

DIE WIDMUNG

Reden. Von Dingen reden, sie deutlich aussprechen und seine Worte nicht zu Pappmaché zerkauen, *ne pas mâcher ses mots*. Aber nur, sagt sowohl der Kluge als auch der Furchtsame, wenn es an der Zeit ist oder sich lohnt! Im Übrigen ist es besser zu schweigen. Schweigen, gleich Gold, steht besonders hoch in der Gunst der Gebeutelten. Und wer zählt nicht dazu in diesen Krisenzeiten?

Reden und von sich reden machen, ist zudem gesünder als Beschwerliches in sich hineinzufressen, gibt der Seelenlehrer zu bedenken. Im römischen Altertum habe bereits Gaius Sallustius Grispus, genannt Sallust, in seiner Verschwörung des Catilina* die Menschen davor gewarnt, wie das Vieh, das von Natur aus nach vorne gebeugt und dem Bauche ergeben sei, in Stille aus dem Leben zu scheiden.

Nur: Solche Menschen sind rar. Ein Autor ist ein solcher Mensch, ein sonderbarer, manchmal absonderlicher Mensch, gewollt oder ungewollt. Bei einer Gelegenheit pflegt er sich selbst darzustellen, bei einer anderen sich zurückzunehmen oder gar zu verleugnen. Er schreibt, er spricht, er veröffentlicht seine Meinung zu besonderen Fragen, weniger zu allgemeinen. Das hat sich gegenüber früheren Zeiten zu seinem Nachteil verändert. Dennoch: je nachdem, welches Mittel er zur Verfügung hat, antwortet er hie und da mit Worten, Zeichen,

---
* 63 v.Chr.

Farben oder Tönen auf Fragen, die eigentlich niemand gestellt hat. »Aber die Frage lag doch in der Luft!«, rechtfertigt sich der Autor. Und meint damit: »Diese Frage hätte längst gestellt werden müssen.«

Der Autor machte ein paarmal von sich reden, in einer Gegend, wo das Reden miteinander und übereinander noch seine tägliche Anwendung findet. Man führt Gespräche vor dem Haus, im Garten, über die Dorfstraße hinweg als habe das Fernsehen, diese Meinungsmacherin, noch nicht die Herrschaft über die Leute im Dorf übernommen. Man kennt sich eben. Kennt man sich wirklich? Kennt man sich zur Genüge? Oh Mannomann, dieses hundsgewöhnliche »man«, das ominöse französische *on*, kurz und bündig und bei jeder Gelegenheit verwendbar.

On verra! Man wird sehen! Man hat es ja gesehen! Der Autor hat es kommen sehen! Man wird das, was er zu erzählen hat, an der kleinen Geschichte erkennen.

Er ist Deutscher, *allemand de souche*. Die Leute, mit denen er in der Ortschaft seines zweiten Domizils Umgang hat, sind Franzosen, außer einer luxemburgischen und einer holländischen Familie. Europa auf dem Prüfstand. Europa am Hausstand, am Obst- und Gemüsestand, erkennbar an den niedrigen und widrigen Um-ständen. Einheimische und Zugewanderte haben sich im Laufe der Jahre darunter gemischt. Mischen sich ein. Mischen mit. So spricht man mit den Holländern holpriges Englisch. Mit den Luxemburgern geht es auf Französisch.

Und auf Deutsch: »Es wächst zusammen, was zusammengehört«, zitiert der Autor gerne den Satz eines anderen Deutschen, Willy Brandt. Oder auch nicht. Denn wer entscheidet darüber, was zusammengehört? Es sei dahingestellt, ob dieser Satz jemals Wahrheit wird. Ohne übergeordnetes Leitmotiv? Der Wunsch hört sich gut an und scheint die wacklige Idee

Europa zu stützen. Dies ist eine Tatsache. Und sie wird durch den kleinen Zwischenfall, den der Autor zu berichten hat, eher bestätigt.

Manchmal schwappt die große Politik ins tiefe Frankreich über: Vorsicht vor den Deutschen, ihren Erfolgen im Export! Sie führen wieder wichtige Tabellen im internationalen Wettbewerb an. Nur, was hab ich davon, ein zeitweilig in Frankreich lebender Autor? Stabilität des Euro? Die Schaffung neuer Arbeitsplätze ... Und der deutsche und französische Waffenexport an nationale Böslinge in arabischen und afrikanischen Staaten? Deutsch-französisch: eine unheilige Allianz der beiden stärksten Staaten Europas? Was bringt sie am Ende zuwege? Oder ist sie nur ein Ausfluss der globalen Profit-Seuche?

Der Deutsche, von dem hier die Rede ist, bezeichnet sich schon mal als Franzose, wenn ihm danach ist oder ein Gespräch über Franzosen eine schlechte Wendung nimmt. Fallen jedoch französische Gesprächspartner über deutsche Erfolge und Eigenheiten her, so ergreift er Partei für die Deutschen, indem er sich als Fan seiner deutschen Heimat zu erkennen gibt. Das wirkt in der Regel wie eine Bremse. Mit seinem städtisch geprägten Französisch bietet er dem Argot seiner ländlichen Nachbarn durchaus die Stirn. Gesprochen wie geschrieben.

Neulich widmete er als Autor dem Freund und Bürgermeister eines Nachbarortes sein neues Buch über die lothringische Wahlheimat, dies in großzügiger Schrift: *A mon ami Ph. M., Maire de V., un homme du milieu.*

Wusste er doch, dass der Bürgermeister bei den letzten Präsidentschaftswahlen für die neu gegründete *MoDem, Mouvement Démocratique*, eine Zentrumspartei, tätig gewesen war und zwei Jahre danach als ihr Mitglied die Wahl zum Bürgermeister gewonnen hatte.

Da der Autor, selber Mitglied einer ehemaligen Milieu-Partei, der SPD, gelernter Soziologe, auch Milieus studiert hatte, war ihm der Begriff durchaus geläufig. Natürlich galt das ebenso für das französische *milieu, au milieu*, Mitte, mitten drin, in der Mitte. Und er wollte dem Freund nur Gutes widmen, indem er ihn als Mann der Mitte bezeichnete, weil ihm dessen politische und menschliche Haltung als Mittler und Vermittler in seiner Gemeinde dank seiner Bürgernähe bewusst war.

Nun: die Fallensteller für Fremdsprachler schienen am Werk gewesen zu sein. Der Freund meldete sich Tage lang nicht mehr und mied jeden Kontakt. Bei einer zufälligen Begegnung in der Bäckerei der Kantonsstadt druckste *Monsieur le Maire* herum, schien aus dem Gleichgewicht geraten zu sein. Was war geschehen? Erst auf eindringliche Nachfrage rückte der Beschenkte heraus: Die Widmung müsse unbedingt geändert werden! Der Autor habe das als Deutscher nicht wissen können. Aber er möge doch die Güte haben, ein anderes Buch für ihn mit dem richtigen Text zu beschriften.

Lexikalische Nachforschungen des Autors ergaben, dass *milieu*, aus dem Französischen kommend, im Deutschen »Lebenskreis, Umwelt« bedeutet und deshalb als positiv einzustufen sei. Im Französischen in der Einzahl gebraucht, bedeutet milieu aber auch »Unterwelt«. Deshalb hätte ein Sprachkundiger in diesem Falle *un homme du centre* in das Buch geschrieben. So wie damals eingetragen, wäre es nicht nur ein Missverständnis, sondern eine Beleidigung gewesen.

Der Autor stimmte höflich zu, wie es die Sitte des Landes erforderte, und schrieb erneut, diesmal eine einwandfreie Widmung, in einen anderen Band.

Das Übrige, das Überfällige behielt er für sich, schrieb es in seinem Notizbuch nieder, hinterhältig, wie Autoren nun einmal sind! War da nicht auch Richtiges am falschen Platz! Denn der junge drahtige *maire* hatte die Vorteile, die ihm sein Beruf als Geschäftsführer einer Baufirma verschaffte, dazu benutzt, selbst initiativ zu werden und reihenweise vermietbare

Wohnungen erbauen zu lassen. Solche modernen Unterkünfte waren in der ganzen Gegend willkommen. Er kam damit einem Trend der jüngeren Generation entgegen, nicht mehr selber zu bauen oder alte Bausubstanz zu erneuern, sondern sich modern einzumieten. Dadurch lockerte sich die überkommene Bodenständigkeit. Ein nicht zu unterschätzendes soziales Phänomen.

Mit den Bauten enstand, wie auf dem Lande üblich, bei einem Teil der Nachbarn und Einwohnern der umliegenden Dörfer die Meinung, dass soviel sichtbarer Reichtum in so kurzer Zeit nicht auf »natur-nahem« Wege zustande kommen könne. Diesen Verdacht pflegten vor allem diejenigen, die vergebens das Gleiche versucht hatten. Oder sich nicht trauten, es zu versuchen. Sie hatten wohl vergessen, dass das Gleiche noch lange nicht dasselbe ist.

MACADAM*

Über die Route nationale numéro trois

*

Meine ganz persönliche dialektische Schaukel in Gang gebracht: hin und zurück, *aller et retour*. Und ein paar Sachen gepackt für die Reise in mein Haus an der Maas. Wie gewöhnlich etwas vergessen haben, aber Ersatz läßt sich in dem weitläufigen alten Haus, beschaffen; Ersatz ist längst ins französische Wörterbuch aufgenommen worden.

Den ersten Gang eingelegt, nicht zu einer Reise, einer großen Fahrt oder einem Ausflug, sondern zu einer »Über-setzung« vom Deutschen ins Französische, vom Saarländischen ins Lothringische: Ich setze über, kurve die Metzer Straße in Saarbrücken hoch Richtung Neue Bremm und bewege mich sofort durch geschichtliche Bilder. Ein Obelisk deutet auf das Lager des langsamen Sterbens zwischen 1943 und 1945 hin, aber nicht auf dessen Besonderheit, Gefangene im Feuerlöschbecken, dem Löschteich im Entengang um seinen Rand herum zu zwingen oder sich, auf eingeseiften Brettern stehend, so lange wie möglich über Wasser zu halten. Wachhabende mit Karabinern im Anschlag sahen ihnen zu. Kleine Freuden fürs Personal! *Gaudeamus igitur!*

---

* Macadam, nach seinem Erfinder John Loudon McAdam, ist die Bezeichnung eines Straßenbelags, in Frankreich dichterisch synonym für die Landstraße benutzt

Ich nicht. Ich fahre weiter, lasse die Spicherer Höhen links liegen und schnelle unversehens durch die Leinwand eines riesigen Gemäldes. Es ist dasjenige des Malers Röchling aus dem Alten Rathaus in Völklingen. Es stellt die Schlacht bei Spicheren am 6. August 1870 dar. Davor saß ich einige Male, um lesend oder schreibend Reste der deutsch-französischen Erbfeindschaft verschwinden zu lassen. Im Spiel der Worte. Spiele im Frieden. Jetzt ist der Krieg wieder Thema. Krieg ist wieder aktuell. Ein anderer. Noch anderswo.

*

Die Straße, auf der *carte routière et touristique Michelin 57* rot eingezeichnet, verläuft gradlinig durch die Talsenke zwischen Folsterhöhe und Goldener Bremm, *brême d'or*. Auf diesem Feld wurde damals von den beiden befeindeten Truppen zumindest von der Infanterie, zu allermindest von den Deutschen, das Menschenmögliche eingefordert, da sich das Gelände für deren Artillerie und Kavallerie als sehr ungünstig erwies, »sodass«, heißt es in den Annalen, »die ganze Schwere der Kämpfe und der damit verbundenen Verluste fast allein auf die Schultern der Infanterie fiel, die überdies meist gegen überlegene feindliche Massen (Franzosen) antreten mußte.«

Das Fußvolk. Das Gemetzel. *La boucherie.*
Gott mit uns!
Saint Maurice, priez pour nous!

Aber: »Der allgemeine Drang nach vorwärts, der in den (preußischen) Führern wie in den Truppen lag«, brachte der preußischen Heeresführung schließlich mit vergleichsweise wenig Opfern, deutscherseits starben neunundvierzig Offiziere und siebenhundertvierundneunzig Mann, den Sieg. Auf französischer Seite starben nicht einmal die Hälfte, denn sie hatten aus der Deckung heraus gefochten. Ein billiger Sieg. Ein preiswerter?

*

Wie es Grenzschreiber-Art ist:
Ich passiere die Grenze
Keine Zöllner
Keine Schranke

Passiert:
Die Grenze war
Mitgefahren
In mir

Auf dem Macadam, auf der jahrhundertealten Chaussée weitergefahren, auf der man übergangslos nach Stiring-Wendel gelangt. Die Straße war bereits eine römische *via calceata, un chemin chaussé*, mal den Franzosen zum Rückzug oder zum Nachschub dienend, mal den Deutschen zum Vormarsch oder als Rollbahn, je nachdem, ob man die Jahreszahl 1870, 1914 oder 1940 zugrunde legt. In Stieringen geht die *Route Nationale* in eine *Rue Nationale* über, eine Nationalstraße. War die Umwidmung dieser Straße, der späteren Adolf-Hitler-Straße, nach dem Ende des Zweiten Weltkriegs, nun ein Akt der Befreiung, 1944, *libération* oder das zu erwartende Bekenntnis der Bewohner einer Grenzregion an die neuen Herren in Paris? Oder in Dankbarkeit ein Gruß an die Vierte Republik?

Fragen; durch die Windschutzscheibe gesandt. »Wendel« im Doppelnamen des Ortes ist den Industriebaronen gedankt, die als Gegenspieler der Röchling, Krupp und Thyssen beim »Tanz der Grenzen« (Pierre Fritsch) den größten Teil ihrer Hütten und Gruben verloren hatten, aber im französisch gebliebenen Lothringen neue Werke errichteten. So schickte man ein Mitglied der Familie de Wendel in den Reichstag, ein anderes in die *Assemblée Nationale*, Paris, um weiterhin ihren Besitz zu wahren und die Arbeitskräfte zum Wohle der Allgemeinheit, heißt dem der Familie de Wendel, auszubeuten.

Seit den Frankfurter Verträgen von 1871 war die ostlothringische Schwerindustrie Bestandteil des neu geschaffenen Elsaß-Lothringen. Das Gebiet umfasste die beiden elsässischen Departements Bas- und Haut-Rhin sowie das Département Moselle mit dem östlichen Teil des heutigen Département Meurthe-et-Moselle. Es war knapp ein halbes Jahrhundert bis 1918 deutsche Etappe und lieferte Halberzeugnisse für die deutsche Rüstung vor und während des Ersten Weltkriegs 1914 bis 1918. Eine verzwickte Situation für die Menschen im grenznahen Gebiet, denn manche Lothringer fühlten sich eher zur französischen Republik und ihrem Freiheitsgedanken hingezogen als zum Deutschen Kaiserreich, obwohl ihnen auch die Bismarcksche Sozialgesetzgebung als ein Fortschritt erschien.

*

Atem holen. Der Geschichte Raum lassen. Den Menschen Luft und das Recht auf Leben in schweren Zeiten: *En passant par la Lorraine/Avec mes sabots… /Rencontrai trois capitaines/Avec mes sabots/Dondaine*, singt die junge Lothringerin im Volkslied und zieht weiter durchs Land mit ihren Holzschuhen. *Je ne suis pas si vilaine.* »Bin überhaupt nicht häßlich«, *Puisque le fils du roi m' aime/Avec mes sabots/Dondaine*, »denn der Sohn des Königs liebt mich«; *Il m'a donné pour étrennes/Avec mes sabots/Un bouquet de marjolaine*, »hat er mir doch einen Strauß Majoranblumen geschenkt«. Und ein böses Erbe! Die französischen Könige hatten längst ein Auge auf die schöne Lorraine geworfen, bis es Ludwig XV. im Jahre 1766 vorläufig gelungen war, sie durch Heirat an sich zu binden. Das geschah durch Maria, die Tochter des ehemaligen Polenkönigs und damaligen Intendanten des Herzogtums Lothringen, Stanislas Leszczynski. Der hatte durch sein gut(mütig)es Wirken und seinen ungnädigen Tod dazu beigetragen. Ludwig XVI., Enkel und Nachfolger Ludwig XV., heiratete nicht irgendeine, sondern die Lothringerin, la Lorraine: So bezeichnete sich Marie-Antoinette, Tochter des österreichischen Kaiserpaars Maria-Theresia und Franz, François Stéphane, *Duc de Lorraine*, kurz vor ihrer Hinrichtung in Paris 1793. Voller Stolz und Verachtung gegenüber ihren Henkern.

*

Die *Rue Nationale* gleitet über in die *Rue Saint-Remi* in Forbach, parallel zu einer *Rue Nationale* linkerhand. Zur rechten taucht das wuchtige Denkmal *A nos mineurs* auf, »Unseren lieben Bergleuten«. Ein Gruß meinerseits an die drei kräftigst beschuhten Männer mit Presslufthammer, Grubenlampe und Schlägel, auf einem Sockel aus schwarzem Gestein stehend. Mit einem dankbaren Gruß an unsere Nachbarn, die darin allgemein vererbten Tugenden, wenigstens im Ansatz, ein Denkmal gesetzt haben: dem Fleiß, der Ausdauer, der Arbeit im Gedinge, der Fantasie beim Erfinden von Dingen, die vorher nicht vorhanden waren.

»Es geht um unsere Zukunft«, sagen die gewählten Vertreter und die beauftragten Verantwortlichen in den Rathäusern Lorhringens, wie in dem, vor dem ich gerade an einer Ampel halte. Einer wie er: *Monsieur le Directeur du Cabinet de Monsieur le Maire, le Dircab,* über seine Papiere gebeugt wie neulich und zertreut auf meine Frage nach dem Stand des Projekts »Zukunft Saar – Avenir Moselle«, ob diese *Avenir* nicht bereits Vergangenheit sei, mir auf Deutsch antwortend: »Nein, denn *Avenir* heißt übersetzt Zukunft«. Und ich daraufhin wissen wollte: »Klar, aber hat *Avenir* noch eine Zukunft?« Nun schaute er auf und sagte, er glaube schon, dass die Zukunft noch eine Zukunft habe. Worauf ich Zweifel anmeldete: Hoffentlich habe sich die »Zu-kunft« nicht auf eine bloße »Ab-kunft« zurückgebildet!

*

Morsbach, Rosbruck, *Rossel*, Merlebach, *Merle*, Freyming: Die beiden Bäche kreuzen auf, nachdem sie den Orten ihre Namen gespendet haben, werden überbrückt, überfahren und entschwinden dem Blick. Sich vorstellen, wie schwer die Rossel an ihren Lasten aus Salzen und Metallen trägt, sie am liebsten über die Grenze schafft und spätestens bei ihrer Mündung in die Saar bei Rehlingen abgibt! Von Carlings Kohle-Chemie dringt ein süßlich schwefliger Geruch durch die Belüftung ins Wageninnere: Inversionslage! Von der Inversion zur Aversion. Doch: Carling riechen – nicht sterben, sondern weiterleben! Dem Passanten gereicht der Anblick von Hombourg-Haut zum kleinen Trost – ein Dorf wie eine Festung, eine Hohen-Burg, überragt von einem massigen Kirchturm aus dem 13. Jahrhundert, einst gegründet von Bischof Jakob von Metz, hundert Jahre danach von Bischof Dietrich Bayer von Boppard erweitert, ein Kollegialstift, bis ins 18. Jahrhundert bestehend. Trotz Bränden und Zerstörungen hat es sein vormodernes Gepräge bewahrt; die romanische Basilika mit gotischem Fünffachtel-Chor erinnern an die Bauten in Tholey und Sankt Arnual, erinnere ich mich. Eine Version des Friedens. Ein glücklicher Augen-Blick.

*

Mein *Citroën*-Combi vermittelt eine gewisse Sicherheit auf allen Vieren, ist jedoch unvollkommen wie alles Irdische. Am sichersten ist es daher, das Bedrohliche eingepackt zu haben und mitfahren zu lassen. In langen Schleifen zieht sich die RN 3 durch das Tal. Nach einer Kurve öffnet es sich und der

Helm des Turms der Kirche von Saint-Avold wird sichtbar. Im Namen der Stadt versteckt sich der heilige Nabor, der einst gemeinsam mit seinem Freund und Begleiter Felix als römischer Legionär den Märtyrertod starb und, sowohl in Köln als auch in Mailand verehrt, den Kindern beim Gehenlernen helfen sollte. Denen, die sich dabei schwer taten, wird er ebenso geholfen haben. Wozu sonst seine Verehrung?

Wir Kinder unserer Zeit bewegen uns in Fahrzeugen, dieseln und benzinern aufs Bequemste, Teuerste und Schnellste, so über die ein paar Kilometer weiter nördlich verlaufende *Autoroute de l'Est*. Wenigstens im Ohr die Namen umliegender Dörfer wie Klänge von Glocken: Diesen, Porcelette, Boucheporn, Kleindal, Zimming, Narbefontaine ... Und mit dem Glockenschlag die Erinnerung an den Hugenottenweg, der, von Metz über Courcelles herkommend, bis nach Ludweiler im Warndt reichte und sich in Abschnitten mit der Römerstraße Metz-Trier deckte. Für die Anhänger der »so genannten reformierten Religion« war es, besonders nach der Aufhebung des Edikts von Nantes 1685 ein rettender Weg ins Ausland: eine Flucht mit Handkarren, Kuh- und Pferdewagen, mit Kindern und Kisten hintendrauf und mit der Angst im Nacken, von den Schergen und Soldaten des Königs entdeckt und verhaftet zu werden oder Wegelagerern in die Hände zu fallen, nicht mehr ans Ziel zu gelangen und unterwegs irgendwo begraben zu werden. Unter einem Holzkreuz, das der Wind, der über die lothringische Hochebene, *Plateau Lorrain*, stürmt, niederdrücken würde.

*

Ich aber bleibe auf dem *Macadam*: Habe gerade in umgekehrter Richtung die Nied, *Nied allemande*, überquert. Ihr Tal war jahrhundertlang die Sprachgrenze zwischen dem deutsch- und französischsprechenden Teil der Bevölkerung. Überholte Trennungslinie. Denn heute folgt die Linie den Generationen – die Alten geben ihre Weisheiten im mosel- oder rheinfränkischen Dialekt von sich, die Jungen sagens auf Französisch. Das Platt, das Deutsche, bringt's nicht mehr.

Courcelles, von den Hugenotten geprägt: Auf einem freien Platz die kreuzförmige Kirche, *le Temple*, die ein preußischer Architekt im Auftrag von Kaiser Wilhelm II. 1895 erbaute. Ich glaube, die Stimme des Mannes wieder zu hören, der einer Gruppe von Besuchern der Kirche erklärte: »Die Leute von hier, *les protestants*, setzen sich bis heute nicht in die Loge der kaiserlichen Familie, dort im rechten Flügel. Sie respektieren das.«

Aus dem Munde dieses ehemaligen deutschen Soldaten, der schwer verwundet, nach dem Ende des Zweiten Weltkriegs im Ort geblieben war, hörte es sich an, als ob sie die Wiederkunft des Deutschen Kaisers erwarteten. Im Alter verteidigt er nun die architektonisch gelungene Mischung deutschen und französischen Erbguts, vor dem Kreuz der Hugenotten im Hintergrund mit der herabsteigenden Taube und den Lilien des französischen Königshauses zwischen den Balken – Die Hugenotten, sagte er, hätten eigentlich gerne treue Untertanen bleiben wollen.

Ohne den weihevollen Ort zu betreten, mache ich eine Kaffeepause in einem Bistro an der RN 3. An manchen Stellen tritt noch das Pflaster hervor, *une route pavée*, Steine aus Basalt oder Grauwacken, leicht gewölbt, die Köpfe der Steine glatt, regennass. Und in Erinnerung an zurückliegende Zeiten, im Blick über die Lenkstange dieses Heer von Landsern, *les poilus*, auf sich zurennen sehen, der eine oder andere aus der Masse hervorstechend, gefährlich, weil er den Vorderreifen des Rads wegdrücken und ins Rutschen bringen konnte. Dennoch: sich sonnen im Glanz der Oberfläche. Heimlich die Heimtücke gesucht!

*

Die Höhen des Moseltals, *les côtes de Moselle*, ansteuern, in Kurven aufsteigend, zurückgeschaltet – ich bewege mich vorwärts, ohne mich zu rühren. Nur ein Katzensprung bis Metz: Sitz eines Präfekten, eines Erzbischofs, im Besitz von Festungsanlagen, »Tor der Deutschherren, Kamuffel-Turm«, Kasernen, dem Ruf, »fest wie Metz« gewesen zu sein, der gotischen Kathedrale Saint-Etienne, Sankt-Stefan, der Laterne Gottes, einer von Preußen erbauten Trutzburg, dem Bahnhof, einer Avenue im Jugendstil, *Avenue Foch*, auch im Besitz der Genugtuung, 1552 dem belagernden deutschen Kaiser Karl V widerstanden und bereits im 13. Jahrhundert den Titel einer Freien Reichsstadt erworben zu haben, nachdem sich ein reiches und selbstbewusstes Bürgertum, *paraiges*, dafür stark gemacht hatte. Zahlreiche Kirchen sind ihr Eigen zu nennen, so der spätromanische Zentralbau der Templerkapelle und die ins 4. Jahrhundert zurückreichende Basilika St. Peter. Die alte Stadt an der Mosel ist im Besitz eines Arsenals voller Orchesterklänge und eines unterirdischen Gallo-Römischen Museums, schließlich ist sie Eigentümerin altehrwürdiger Namen: Mettis und Divodorum ... Und so weiter. Aufzählungen, die nirgendwohin führen. Oder doch? Sich verführen lassen, indem man Halt macht, stationiert, flaniert, parliert? Oder zitiert, wie ich es tue – eine Strophe von Paul Verlaine, der 1844 in Metz geboren wurde: *Les sanglots longs/Des violons/De l'automne/Bercent mon cœur/D'une langueur/Monotone.*

Eine sanfte Trostlosigkeit hat mich erfasst, als ich an der Esplanade vorbeifahre; sie droht, im Nebel zu ertrinken, ist selber Wasser. Ich spüre einen kalten Luftzug – »et kälzt«. Es lässt sich alles auf deutsch sagen. In Metz, in mir. Auch auf französisch. Der November greift an. Diesmal muss ich das Wasser in meinem Haus an der Maas, *Meuse*, abstellen.

*

Sich einschleusen in den dicht fließenden Strom der Fahrzeuge jeder Farbe, Größe, Nutzung und Bestimmung, denen die A 31 eine schnelle Verbindung zu ihren Zielorten herstellt; sich am roten Faden der Städte entlang bewegen, von der Nordsee bis ans Mittelmeer, die Mosel als Begleiterin in umgekehrter Richtung, nicht immer willkommen, da sie, wie gerade jetzt, angeschwollen ist und ihre Nachbarin, die Autobahn, an manchen Stellen bedroht. Ihre Eigenart, ihre Freiheit, die sie sich bei ihrem Lauf erworben hat, vom Col de Bussang in den Vogesen über Thillot, Remiremont, Epinal, Charmes, Toul, Liverdun, Pont-à-Mousson bis hierher nach Moulins-les-Metz, wo ich sie überquere, um in die RN 3, Richtung Paris, abzubiegen. Für Sekunden folge ich ihr in meiner Vorstellung weiter nach Metz, Thionville, die Luxemburger Grenze entlang, an der Mündung der Saar (Konz) vorbei in langen Schleifen bis Koblenz.

Wer fährt, fährt stets auch vorbei. Diesmal ist es in Moulins an dem Ort Scy-Chazelles vorbei, wo in einem *Maison-Musée* Robert Schuman, eines der Väter der Europäischen Union, gedacht wird. Ich bleibe auf der Hauptstraße. Sie windet sich bei Rozerieulles auf einen Bergkamm, der den Blick über die Ebene der Woëvre freigäbe, würden ihn jetzt nicht der Nebel verhängen. Aber ich kenne sie und ihr Ende im Westen als *Côtes de Meuse*, die Dörfer an diesen Hügeln, den Höhenzug der Eparges mit der *Tranchée de la Calonne*, wo es in den ersten Kriegstagen des Ersten Weltkriegs den jungen Leutnant und Dichter Alain Fournier auf einen Schlag mit weiteren zwanzig Mann das Leben kostete. Es schien, als ob er früh seinem Vorbild, dem *Grand Meaulnes*, nachfolgen wollte! Zwei Jahre danach, 1916, fällt mir beim Fahren ein, war mein Großvater am Rande dieser Ebene stationiert, die, von den Höhen herab, durch die Franzosen beherrscht wurde. Wie seine Kameraden schickte er seiner Frau Feldpostkarten nach Hause – dürre Worte, die das Grauen des Stellungskriegs außen vor ließen: »Liebe Frau, sende mir noch ein Paar solche Fußsocken, aber aus starkem Tuch. Es würde nicht schaden, wenn die Fersen doppelt wären, ferner sehe in der Apotheke nach, ob Du etwas bekommen kannst für rissige Hände. Sonst nichts Neues ... Ich grüße Euch alle vielmals.«

*

Halt! Stopp! *Attention!* Vor der Einfahrt in ein Rondell direkt vor dem Kriegsmuseum in Gravelotte. *Musée Militaire*: Uniformen, Dokumente, Waffen, Schlachtpläne – Erinnerungsstücke der französischen und preußischen Armeen an die erbitterten Kämpfe vom 16. bis 18. August 1870 beiderseits der RN 3. Diese verläuft von hier weiter über Rezonville, Vionville nach Mars-la-Tour. Ortsnamen wie verkohlte Perlen aneinandergereiht, einst die welligen Wiesen und Äcker blutgetränkt und übersät mit Eisenstücken und Knochenresten. Es waren erst zehn Tage seit der für die Deutschen siegreichen Schlacht bei Spicheren vergangen, als die Erste Armee Preußens den Befehl erhalten hatte, den Feind auf dem rechten Moselufer zu beobachten. Währenddessen nahm die Zweite Armee auf der Straße RN 3 die Verfolgung der sich nach Westen in Richtung Paris absetzenden Armee Bazaines auf. Deren Vormarsch wurde plötzlich bis gegen Mittag aufgeschoben. Danach gelangten die Deutschen auf die Rückzugsstraße. Kaiser Napoleon III war nach Verdun vorausgeeilt.

Nun wurde der Brigade Bredow befohlen, die an der ehemaligen Römerstraße nördlich der RN 3 stehende feindliche Artillerie anzugreifen. Dies kam einem Opferritt gleich, der nur dann von Nutzen wäre, wenn er mit voller Kraft geführt würde. Er wurde es. So wird in einer Bearbeitung des Großen Generalstabswerks von 1888 berichtet: »Vom Kampfeseifer fortgerissene kühne Reiter drangen bis Rezonville vor (...). Die schweren Opfer der Reiterei waren aber nicht umsonst gebracht worden (...). Wenn auch die Früchte des Tages den furchtbaren Verlusten der Deutschen (711 Offiziere, ca. 15 000 Mann, d. Verf.) nicht zu entsprechen schienen, so wird die weitere Geschichte doch lehren, daß diese Schlacht die förderliche, ja notwendige Einleitung zur Besiegung des kaiserlichen (französischen, d. Verf.) Heeres war.« So war es. So wahr ihnen Gott geholfen hatte!

*

Weg aus dem mit Kriegsgeschichte verminten Gelände! Hinter Hannonville-Suzémont verlasse ich die RN 3 und rupple und schockle über die *Route Départementale* (D 23), die Bauerndörfer Latour-en-Woëvre, Jonville, Woël und Saint-Maurice-sous-les-Côtes miteinander verbindend. Die Häuser, entlang der Straße zusammengerückt, ducken sich zwischen Bäumen und Büschen, scharen sich um die Kirche, als erwarteten sie von ihr einen guten Rat oder den rettenden Befehl. In Woël hat es so den Anschein. Denn die Wehrkirche mit ihrem schweren Turm, der Turm mit seiner Hürde, *hourd*, einem hölzernen Umlauf, diente einst auch der Verteidigung. Dort haben in Not- und Kriegszeiten die Bewohner Schutz in jenem vierstöckigen Turm gesucht, sobald die große Glocke aus dem Stuhle erklang und sie zu sich rief, ihnen wenigstens ein Gefühl der Sicherheit vor marodierender Soldateska versprach. Im Dreißigjährigen Krieg war ein gewisser Leutnant Lafontaine in ein lothringisches Dorf gekommen, um Logis und Proviant für mehrere Kompanien zu besorgen. Es sei eine Stunde vor Anbruch der Nacht gewesen, steht in der alten Chronik des Pfarrers geschrieben. Und der Leutnant habe aufgepasst, dass die Bauern nicht ihr Vieh wegschafften. Diese hätten sich in die Kirche geflüchtet und sollten sie wieder verlassen, was sie jedoch nicht taten. Vielmehr hätten sie Alarm geschlagen und mit Backsteinen vom Turm heruntergeworfen. Aber die Soldaten hätten unterdessen Feuer an die Kirchentüre gelegt. In weniger als zwei Stunden habe das Dach Feuer gefangen, dies trotz des Wassers, das die Eingeschlossenen draufgegossen hätten. Das habe jedoch nicht viel geholfen, denn die Soldaten hätten, nachdem sie eine Bresche in die Mauer der St. Rosarius-Kapelle geschlagen und eingedrungen wären, die Insassen malträtiert. Zuvor habe Nicolas Thierryot zwei Schüsse aus einer Muskete in den Leib erhalten und sei wenig später daran gestorben.

*

Einfahrt in mein Dorf Billy-sous-les-Côtes, die Straße hoch, letztes Haus auf der rechten Seite, eng benachbart ein Stall mit Schafen, weitläufige Wiesen ... Selten kommt von dort ein ängstliches Blöken, nur wenn ein Bock dazwischengeraten ist; meist ertönen Rufe nach Wasser oder Heu, manchmal das weinerliche Heulen der Neugeborenen, weil sie sich von ihren Müttern verlassen fühlen. Kriegsgeschrei und Gerangel sind selten, höchstens aus dem Geäst der verfilzten Haselnussbäume, wenn sich Meisen und Eichelhäher in die Federn geraten sind oder das Atzel-Pärchen den Hausfrieden bricht.

Eintritt in mein stilles Haus. Türen und Fenster geöffnet, Licht und Luft hereingelassen. Später: Einkehr in ein ländliches Dasein. Arbeiten im Garten, schreiben in der Stube, mit den Nachbarn reden, das Helle und Düstere, manchmal das Finstere unter lothringischen Dächern wahrnehmen, auf die Sonne warten, damit sie es wie ein Gespenst vertreibe.

Wenn's hoch kommt, aus einem meiner Bücher zitieren:

Un pommier, sagt der Eine
In seiner Sprache

Ein Apfelbaum – ich in meiner
Einer schöner als der andere
In der Sonne benachbart
Durch einen Zaun getrennt
Die Äste berühren sich
Der drüben in französischer Hand
Der hüben in deutscher
Die Besitzer grüßen sich
Elles sont magnifiques
Ja, sie hängen prächtig, *Monsieur*
Und sehen Sie
Es kümmert sie nicht
Dass sie einem Deutschen in die Hände fallen
Das ist ein Glück, mein Herr
Ein gutes Zeichen
Ein glänzendes Stück
Gegenwart
(aus *Grenzgänge*, 1981)

Auch diese Gegenwart ist längst Vergangenheit geworden. Aber sie hat mannigfaltige Spuren hinterlassen. Sich auf Spurenlese begeben. Sich auf die Socken machen.

HÜBEN

KRIEG DER WÖRTER

Une drôle de guerre sei dieser Krieg gewesen, heißt es in der Geschichtsschreibung. Als wunderlich, seltsam, geradezu komisch habe sich dieser Stellungskrieg zwischen deutschen und französischen Truppen entlang der Maginot-Linie 1939 herausgestellt. Es habe sich um einen Krieg ohne Bewegung gehandelt, in dem Frankreich, das Ende des deutschen Polen-Feldzugs erwartete: Sich hin und her bewegen, trinken, rauchen, warten auf Signale, auf Befehle. Auf den Befehl zum Angriff hätte man lange warten müssen. Derweil tauschte man Parolen, Gesten und Grüße über die Gräben hinweg aus, lauschte einem Chanson oder hörte einer Wagner-Arie zu, aber Sender wie Empfänger verharrten in ihren Positionen. Noch spielten die zu Feinden ernannten Stellvertreter. Noch fehlte den Worten und Wörtern die Ablösung durch Geschosse.

Ein Vorgeplänkel. Der Schrecken, der daraufhin folgte, war wörtlich zu nehmen.

Die nazistische Prosa ernst und nicht misszuverstehen. Diesseits verwendete man die Worte und Wörter gezielt, jenseits machte man sich damit Mut. Wörter waren ständig im Einsatz: »Feind hört mit!« Auch sie mussten, wie kurz danach die mechanischen Räder, »rollen für den Sieg«.

So stand es in den Zeitungen, auf Flugblättern, an Häuserwänden. Der Kohlenklau warnte Tag und Nacht. Und funkische Worte, die vom Feind ausgesendet wurden, durften weder abgehört noch verbreitet werden. Propaganda war Trumpf.

Für die Überlebenden der nachfolgenden Katastrophe und die in der Nachkriegszeit Heranwachsenden hatte die deutsche Sprache zutiefst ihre Unschuld verloren. Erst als ihr danach die Sprache fremder Zungen gegenübertreten konnte, begann ihre langsame Genesung. Aber ein Rest an Misstrauen haftete ihr weiterhin an. Dem ›Großrevisor‹, Medien, Politik, ist es bis heute nicht gelungen, sie vor Missbrauch zu schützen. Denn allzu willfährig dient sie den Zielen interessierter Gruppen. Das Gemeinwohl läuft Gefahr, zum Alleinwohl zu verkommen.

Nicht nur Worte, auch Wörter dienen politischen Zwecken: das Gewicht der Wörter – der Schock der Wirklichkeit. So geschehen in jüngster Zeit im deutschen Sprachraum, wo man gerne verbalisiert. So haben die Schröderschen Hartz-IV Gesetze, Agenda 21, zum Verb »hartzen« geführt, »in eine niedere Lohnklasse absteigen«, nachdem man seine Arbeit verloren hat und zum Hartzvierler oder Hartzverlierer geworden ist.

In der Politiklandschaft Frankreichs hat sich eine Wortschöpfung eingenistet, gleichsam ein Kuckucksei, das die ehemalige Wirtschaftsministerin Christine Lagarde in das Chateau, den Sitz des Präsidenten der Französischen Republik, und in das Hotel Matignon, den Sitz der Regierung, eingebracht hat: *la rilance*. Zusammengeführt aus zwei Teilen: *la rigueur*, der »Strenge«, der »Härte«, der »Unerbittlichkeit« und *la relance*, die Ankurbelung, den Anschub der Wirtschaft durch den Einsatz finanzieller Staatsmittel. Die Ministerin, inzwischen Präsidentin des Internationalen Währungsfonds IWF, *IFM*, als Zauberin? Oder ihr schmuckes Nomen als Vogelscheuche, damit die Wahrheit vom Baum des Lebens, den sie beschützen möchte, nicht gepickt wird? Denn die anstehenden Reformen sind in Frankreich ausstehende Reformen und müssen rigoros umgesetzt werden.

La rigueur ist ein hartes Wort und schädlich für angestrebte

Wahlerfolge, *la rilance* klingt weicher und ist eher einem Publikum vermittelbar, das dazu neigt, vor scharfen Maßnahmen zurückzuschrecken. Und bitte nicht ein Jahr vor der nächsten Präsidentenwahl! Der amtierende Präsident Nicolas Sarkozy würde allem Anschein nach am liebsten weitermachen und hütet sich, diese Wortfindung seiner Ministerin offiziell auszusprechen. Er erließ sogar einen Maulkorb für die Riege seiner Minister. Das schien jedoch nicht für seinen Premierminister François Fillon zu gelten. Dem war die *relance* als Motor für den wirtschaftlichen Aufschwung bei einer Reise nach Japan ›herausgerutscht‹. In manchen Berichten in *guillemets*, Gänsefüßchen, gesetzt, lässt das Wort offen, ob es dem obersten Minister unbeabsichtigt, beabsichtigt oder gemäß höchster Order über die Lippen gekommen ist.

Mit eventuell fatalen Folgen, wie es damals dem Ersten Minister Lionel Jospin mit seinem *ouvrir une parenthèse*, eine Klammer öffnen, passiert ist. Ein Sozialist, der zum Rigorosen neigt und die soziale Klammer öffnen wollte. Solche Ankündigung kann den Sieg bei einer Präsidentenwahl kosten. Frankreich, ein Land, wo die Wörter in der Öffentlichkeit ihr spezifisches Gewicht haben, pflegt immer noch diese Tradition.

Oder doch ein komischer Krieg, bei dem die anstehenden Probleme unerbittlich zur Seite geschoben werden: hundert Milliarden Euro einsparen, die Zahl der Beamten scharf zurückführen, das Rentenalter heraufsetzen, die Steuer- und Finanznischen aufheben?

Vive la rilance!
Es lebe der Krieg auf anderen Schauplätzen! So auf dem Gebiet der Sicherheit, wo Sarkozy allen ›Trafikanten und Delinquenten‹ Ende Juli 2010 den Krieg erklärt hat. Wie er, ehemals Anwalt im Reichenviertel Neuilly in Paris, ein Liebhaber des gesprochenen Wortes, der Spekulation den Kampf, *combat*, der

Piraterei die Schlacht, *bataille*, und der Steuerhinterziehung das Ringen, *lutte*, dagegen angesagt hat. Bei diesem Meister der Sprechblasen, handelt es sich um eine *guerre sans merci*, gnadenlosen Krieg, wie er ihn im September letzten Jahres gegen gewalttätige Banden propagiert hat: »Man muss diese Typen notfalls dorthin suchen gehen, wo sie sich befinden.« Die Wähler des *Front National, FN*, werden ihm gut zugehört haben.

Nachforschungen, *investigations*
»In blühender Jugend dahingemäht, noch bevor es eigentlich gelebt hat«, leitet der *Canard enchaîné*, Satirische Wochenzeitung, mittwochs erscheinend, am 27. Oktober 2010 einen Artikel über das neue Gesetz zum Schutz journalistischer Quellen ein. Wochen zuvor hatten die Nachrichtendienste auf illegale Weise und unter dem Siegel »geheim – Verteidigung« die einzelnen Posten der Telefonrechnung eines Journalisten der Zeitung *Le Monde* erhalten. Diese *factures – recettes* führten daraufhin in der kritischen Presse Frankreichs zu einem neuen Wort: *les fadettes**. Mit Genugtuung aufgenommen in das Wörterbuch, *dictionnaire*, der, noch, freien Presse des Nachbarlandes, in dem, von der Regierung Sarkozy konsequent gefördert, oder gefordert?, inzwischen die Übernahme wichtiger Zeitungen durch Großkapitalseigner stattgefunden hat. Ihnen war die Besetzung führender Stellen in der Medienlandschaft durch willfährige Leute gefolgt. Sie wussten, was sich im ›Sarkozismus‹ gehörte.

Nicolas Sarkozy hatte als Advokat einflussreicher Kunden in Neuilly bereits vor seinem Amt als Bürgermeister dieser Pariser Exklave gelernt, mit faulen Dossiers erfolgreich zu jonglieren. Das schaffte er vor allem, indem er – seinem Talent gemäß – mit außergewöhnlichem Geschick Wörter und Sätze hand-

---
* Hier spielt »fade«, geschmacklos, fade und le »fadeur«, von Voltaire gebraucht, mit hinein.

habte, die sich jeweils auf gut begründbare Sachen bezogen. Der Anwalt waltet seines Amtes mit Hilfe kausaler Fügungen.

Demonstrationen, *manifestations*
Wenn jetzt, wie es in der zweiten Oktoberhälfte 2010 allenthalben in ›seinem‹ Frankreich geschah, die Massen der Arbeitenden und Lernenden auf die Straße gehen, um gegen eine Erhöhung des Rentenalters auf 62 zu protestieren, sogar ein Generalstreik in Kraft tritt, besinnt sich der Staatschef auf seine Kunst und beginnt einen Wörterkrieg.

Als die Tore der größten Raffinerien des Landes von Streikenden besetzt worden waren, erschien es naheliegend, dies mit dem Verb *bloquer* zu belegen. Die um ihre Löhne und ihr soziales Erbe ringenden Franzosen waren damit zu *bloqueurs* (Le Figaro) geworden, die ihre Wut an Mobilem auslassenden Jugendlichen der sensiblen Viertel in großen Städten zu *casseurs*. Sie waren immer noch da: die Umkipper und Anzünder der Renault, Peugeot & Co. Dem einstigen Innenminister Nicolas S. war es trotz massiver Androhungen nicht gelungen, die Randalierer mit dem Kärcher zu vertreiben.

Da war, etwa zur gleichen Zeit, die deutsch-schwäbische Polizei besser aufgestellt. Denn ihnen gelang es überraschend, die wegen Stuttgart 21 friedlich Demonstrierenden mit Kärchern zu verletzen und zu vertreiben. Bei uns heißen die Kärcher »Wasserwerfer«. Ihr Einsatz erinnert den Melancholiker an heiße Sommertage, den Choleriker an die Gas-Duschen der Nazis.

Keine Angst vor den Wörtern, *mots*, keine Angst vor dem Wort, *parole*! Für jedes von ihnen steht ein Gegenwort bereit.

DIE ZEITUNG

Erinnerung an einen jungen Mann vor einem Stoß gefalteter Blätter auf der Theke des Tabakladens in Malstatt oder eine *bar de tabac* in Verdun, hüben ein Päckchen *Rothändle* daneben gelegt, drüben eine Schachtel *gitanes*.

Die Zeitung, eine druckfrische Dokumentation vom Sein, vom Werden und der Zeit. Zigaretten, rauchfrisch, das Kleingeld wie achtlos hingeworfen, als habe man eh genug davon, der schnelle Zugriff auf die Ware, hie und da gierig bis in die Fingerspitzen, man finde darin einen Artikel von sich oder einen Artikel über sich selbt. Wie ist das Foto geraten? Und noch auf der Schwelle des Ladens das Blatt aufgefaltet, zu Hause die *SZ*, das alte Rechts-Links-Organ der Heimat, und in der Wahlheimat den *L' Est républicain*, links-liberales Traditionsblatt. Beide Male einen ersten Blick über die Seiten gleiten lassend.

Saarbrücker Zeitung, SZ – die Zeitung mit dem Namen einer Stadt im Titel. Vor zweihundertfünfzig Jahren als fürstliches Hofblatt gegründet! Aber längst enthält sie die Nachrichten einer ganzen Region, in der das von wenigen Redakteuren für wichtig Befundene festgehalten ist: Heutiges, Gestriges und, falls Ideen, Visionen und der Platz ausreichten, auch Morgiges.

Frühe Erinnerungen an die Räume eines Verlagsgebäudes: die hochbeinigen Tasten, das laute Anschlagen, das Sich-Lösen der Lettern aus Blei, ihr Sturz durch den Blechkanal, um sich einzureihen auf einer Schiene, ein Wort, einen Teilsatz, eine Zeile formierend, die, wiederum mit anderen Sätzen verschachtelt, den Abschnitt eines Beitrags auf der Druckplatte ergeben wird. Das Ganze in Blei versetzt. Mehr auf den Ernst des gedruckten Wortes hindeutend als auf seine Schwerelosigkeit, seine Heiterkeit.

Wahr soll sein, was geschrieben steht. Am Anfang war das Wort. Nein, am Anfang war das erste Wort, nicht das wahre Wort. Denn vor diesem Anfang war das Datum. Gott sei Dank! Nun ging er auf die Achtzig zu. Nicht alle seine Freunde hatten das Glück, auf diese deutliche Zahl zuzugehen.

Nein, sagte er, wenn er daraufhin angeredet wurde, er strebe ja gar nicht von selber auf ein solch ›erhabenes‹ Alter zu, sondern werde dorthin geschleppt von den Zeitläuften. Ja, was ihm da noch Großes übrig bliebe, nahm er die Frage eines Freundes auf. Es seien seine Gezählten Tage. Lieber seien ihm die Tage, die hinter ihm lägen, die kalendarischen Tage, seine Ein-Wort-Zeitungen. Denn im Laufe der Jahre habe er sich angewöhnt, die Tage auf dem Kalender einzeln mit einem oder mehreren Merkwörtern zu versehen. Das Merkwort sollte auf das an diesem Tage Geschehene oder nur Erwünschte hinweisen, auf ihm wesentlich Erscheinendes aus nah und/oder fern. So berühre seine persönliche manchmal die allgemeine Geschichte, sogar die Weltgeschichte, wenn auch nur in ganz geringen Ausmaß. Dann könne er gut und gerne sagen, er habe es so kommen sehen!

Es schneidet sich das Besondere mit dem Allgemeinen.
Für ihn: die Bruchstellen sind zu beachten.
Das Interesse dafür wachhalten.

Das sei insbesondere der Fall gewesen, wenn er sich in dem vor Jahren erworbenen Domizil, seiner französischen Wahlheimat am Rande der Woëvre, *Meuse*, aufgehalten und sich mit der Geschichte der deutsch-französischen Auseinandersetzungen befasst habe, das Schlagwort *Verdun* stets vor Augen. Für ihn habe es stets die Überschneidung zweier Welten, im ursprünglichen Sinne des Wortes ein Dilemma bedeutet: Krieg und Frieden, Leben und Tod, Mensch und Material. In dieser Gegend wird die Erinnerung an die Ereignisse bei jedem Anlass, jeder Gelegenheit, in Funk und Fernsehen, in Zeitungen, auf Faltblättern, in Wörtern und Worten, *mots et paroles*, am Fuße der Denkmäler festgehalten.

Aber auch hier verfällt das allgemeine Gedächtnis von Generation zu Generation.

Erst danach der Zweck des Wortes: Würde der Artikel der Aufkärung des Lesers, des Hörers dienen oder seine verderbliche Wirkung entfalten? Über die Jahre offengebliebene Fragen.

Zeitung – einst der große Regulator des Tages, seines Ablaufs. Die Glocke vom Turm der Kirche im Mittelalter. Für den Autor war Zeitung seit seiner Jugend ein magisches Wort. Tageszeitung, *tidan*, sich in der Zeit ereignen, *tidung* – Bericht und Ereignis, Nachricht und *zidung* (um 1300), Kunde, Botschaft. Später: mehr als die Frohe Botschaft! Von der mündlichen über die aufgeschriebene zur gedruckten Botschaft. Der Engel Gabriel verneigt sich nicht vor der Mutter Gottes, er verkündet das bevorstehende Weltereignis.

Hüben, die Zeitung in Deutsch; drüben *le journal* in Französisch.

Le journal – dort deutet das Wort auf das Zeitmaß eines einzigen Tages hin: *le jour*. Und die Tatsache, dass sie als tägliches Blatt, *journalier*, erscheint, führte zu ihrem eigentlichen Namen: *le journal*.

Die Zeit, vor allem die in Zeitungen auffindbare Zeit, hatte der Autor von Jugend an als ein unverrückbares Merkmal seines Lebens begriffen, wenigstens in dessen ihm bewussten Phasen: vor dem Krieg, im Krieg, nach dem Krieg. Es war, so fühlte er im Nachhinein, nur selten seine eigene Zeit gewesen, meist eine andere, ihm fremde Zeit, von ihm mächtig Erscheinenden aufgezwungen. Jetzt lagen diese Jahre vor ihm wie ein Stoß zusammengefalteter Zeitungen. Einige waren vom Alter leicht vergilbt, andere wie von der Sonne gebräunt, manche trugen Spuren getrockneten Rotweins, ein paar besaßen angerissene Ränder. Eine persönliche Geschichte mit Fransen. Die Ränder, erinnert er sich, waren Zeit seines Lebens maßgebend. Die Maße oft genug unkenntlich geworden.

Einige Grade: Gras wächst über das aufgewühlte Gelände. Die Blumen des Bösen blühen auf und erfreuen die Augen einer zahlreichen Nachkommenschaft. Nichtschuld bis Unschuld breiten sich aus wie schlechte Kräuter, *mauvaises herbes*.

Und das hängt nicht nur mit dem Schrumpfen der Auflagen und der Zahl der Abonnenten der Zeitungen zusammen.
Ein Leit(wolf)Wort scheint alles zu erklären: Globalisierung.
Das altehrwürdige Wort Universalismus in die Grube der Geschichte!

»Früher«, wirft der Autor ein, als seine Besucher auf dieses Thema zu sprechen kommen, »gab es in der Hochstraße dieses Dorfes noch mehrere Abonnenten einer Tageszeitung, auch des *Républicain Lorrain*, der zweiten Tageszeitung der Region Lorraine. Zuletzt war nur die ehemalige Lehrerin, Madame C., als Leserin übrig geblieben. Sie hatte die unumstößliche Gewohnheit, die ganze Zeitung zu lesen, vom linken oberen Rand der Titelseite bis zum rechten unteren Rand der letzten Seite und sie am nächsten Morgen ihrer Nachbarin Marie zu übergeben. Marie nahm sie dann am Brotauto, das vor der Haustüre der Lehrerin Halt machte, in Empfang. So ging das über Jahre, unterbrochen nur durch kleinlichen Hickhack, der aber selten zwei, drei Tage überdauerte.

»Einmal«, so erzählte der Hausherr weiter, »waren beide total zerstritten und konnten sich nicht darauf einigen, wer den Kleinkrieg, *géguerre*, angefangen hatte. Es endete in einem ernsthaften Zerwürfnis, nicht, weil Marie ihre Zeitung nicht mehr lesen konnte, sondern weil sie ihre Zeitung nicht mehr von der Nachbarin, der alten Lehrerin, überreicht bekam.«

Wie er es denn mit seiner Zeitung halte? Er müsse, wenn er nicht auf die tägliche Lektüre verzichten wolle, mit dem Fahrrad oder dem Auto die zweimal fünf Kilometer in den Kantonsort zurücklegen, um sie, zusammen mit dem täglich frischen Brot, *baguette*, zu kaufen. Entweder gelinge ihm der Kauf im Schreibwarenladen des *Café Central*, sofern am späten Vormittag noch ein Exemplar vorhanden sei, oder in der Bäckerei. Dort liege dann die leicht fleckige, »vergriffene« und zudem falsch gefaltete Zeitung des Bäckers zum Verkauf auf der Theke. Zum vollen Preis! Und man sehe ihr hier und da die Laune an, die der Meister in der Frühe des Tages gehabt haben müsse.

Eine billigere Gelegenheit böte sich im Café selbst, wenn das Freiexemplar nicht gerade von einem Leser besetzt sei. Natürlich ginge es dabei nicht ohne ein Bier ab, *pression*: das Wort stamme schließlich aus derselben Famile wie *presse*. Als Autor wolle er doch ein Wortmensch, mit den Vor- und Nachteilen einer solchen Existenz, bleiben.

DEMETER

»Demeter« oder »Deo«, »Mutter Erde«, die altgriechische Göttin des Ackerbaues und der Fruchtbarkeit, hält sich im Namen eines Restaurants mitten in Saarbrücken auf, als sei sie geradewegs aus dem lothringischen Mauvages, *Meuse*, aufgebrochen, um hier, grenzüberschreitend, ihre frugalen Gaben zu verteilen. In dem kleinen Dorf steht ihre mächtige Figur in einem Brunnen-Waschhaus und gibt mit ihrem neo-ägyptischen Habitus dem Besucher einige Rätsel auf. Weniger rätselhaft dagegen erscheint die Göttin im Namen des hiesigen Lokals, das von zugewanderten Griechen geführt wird. Sie deutet wohl damit an, dass man sich in seinem Innern im Schutzkreis göttlicher Speisen und Getränke befinde.

So sah es ein langjähriger Gast, der sich neben seinen dienstlichen Aufgaben als Wortmann betätigte und der Herkunft von Wörtern nachging, ihrer »Abkunft«, sagte er, wenn man ihn daraufhin ansprach. Er folgte jedesmal, wenn er zur Mittagszeit die Straße überquerte, seiner Gewohnheit, täglich eine warme Mahlzeit einzunehmen: einfach, salatisch-frisch und meist fischig-gegrillt. Das Ganze fand in einem durchaus bescheidenen Ausmaß statt, von einem Viertel kretischen Rotwein und einem abschließenden Ouzo begleitet. Der Anisschnaps, vom Wirt spendiert, war natürlich vorher einkalkuliert: *Yamas!* In der Regel – und er hielt sich für einen Regelmenschen, der für sich selbst kaum Ausnahmen zuließ – genügte zum Bezahlen ein Zehn-Euro-Schein plus Trinkgeld. Seine Gewohnheit diktierte ihm ein gewisses Gleichmaß. Dem Diktat hatte er sich seit langem unterworfen. Es sei denn, eine besondere Gelegenheit erlaubte ihm eine größere Ausgabe – ein Essen mit der Freundin, eines mit einem der Söhne oder einem Freund. Dann schob er einen blauen Zwanziger unter den braunen Zehner. Exakte Ausgangslage! Aber gewöhnlich aß er allein und las zwischendurch seinen *Canard enchaîné*, mit dessen durchgängiger Botschaft: Vorsicht! Behaltet die Sprache der Politiker im Auge! Behaltet ihre Sprache im Ohr!

Im Lokal Platz genommen. Sitzgelegenheiten für Einzelne oder Pärchen, erhöhte Stufen, einige größere Tische für Gruppen, ein runder Tisch, Bebankung und Bestuhlung dunkel lackiert, leicht zu pflegen, Podeste mit Gipsfiguren in olympischer Haltung, herunterhängende Pflanzen, giftgrün, als sollten sie hier drinnen eine künstliche Natur erschaffen, dazwischen Leuchter auf Sparflamme, die in arabesk geformte Metalle eingelassen waren. Eine so auf Griechisch getrimmte Einrichtung samt Hintergrund-Musik unter Führung der Bouzoukis sei auf Dauer nicht auszuhalten, hatte er ein paar Mal sagen hören. Aber nur, wenn man der Musik zuhöre und der überbordende Zierrat betrachte, erwiderte er dann. Er selbst nehme diese Umgebung nicht mehr wahr. Deshalb sei die Lokalität für ihn selbst durchaus erträglich.

So »ertrug« er sie mindestens ein Mal in der Woche. Zwei Mal stand an, wenn er sich daran erinnerte, einmal gelesen zu haben, durch den Verzehr von Fisch könne man hundert Jahre alt werden! Im Übrigen stellte sich bei ihm nicht die Frage, was er heute in der Karte auswählen würde. Es ging gewöhnlich um Tintenfisch, Seezunge oder gegrillte Sardinen. Die Kellner – es bedienen nur Männer in weißem Hemd mit offenem Kragen, schwarzer Hose und schwarz lackierten Schuhen – schauten ihn an. Der Gast: »Tintenfisch!« Oder: »Seezunge!«, am liebsten »Sardinen«, auf Deutsch natürlich. Und ab und zu in Erinnerung an das letzte Mal: »Bitte frisch!«, was beileibe kein Befehl war, auch nicht so klang, eher ein wiederholter Wunsch, die alte Sehnsucht nach dem Mittelmeerischen. Die Köchin möge nicht einen der seit Wochen in Eis eingelegten *Ichthysse*, »Fische«, auftauen und auf dem Grill braten, sondern ein Stück, frommer Wunsch!, das in aller Herrgottsfrühe auf einem griechischen Großmarkt oder im Hafen von Piräus eingekauft worden sei! Einbildung seinerseits. Obwohl ich kein *Ichthophage* bin, rief er innerlich aus.

Nur wenn er sich in Gedanken verloren hatte, fragte er: »Was habe ich denn letzte Woche gehabt?« Einer der Kellner, noch jung an Jahren, dem er auf eigenen Wunsch einige Brocken Französisch beizubringen versucht hatte, wusste es. »Gut«, erklärte dann der Autor, indem er mit dem Zeigefinger auf eine imaginäre Karte wies, »heute nicht das Gleiche wie das letzte Mal, sondern das Andere, das Letzte, das Beste, die gebackenen Sardinen!« Bei Lebensmitteln neigte er zum Wechsel, überzeugt, dies sei gesünder als beim ›alten Gift‹ zu bleiben. Es komme auf die unterschiedliche Dosis Gift an, die jeweils im Essen enthalten sei. Sie erhalte sein inneres Gleichgewicht. Nun kam es vor, dass er diese Regel ein- oder zweimal im Jahr durchbrach und überraschend Seehecht oder gegrillte Leber bestellte.

Heute war wiederum ein anderer, für ihn besonderer Tag: Er legte ein dickes Buch neben seiner Zeitung auf den Tisch. Als Autor trug es seinen eigenen Namen. Titel und Thema betrafen die Nachbarregion *Lothringen*. Den Griechen war diese Gegend bekannt. So kamen, vornehmlich an den nationalen Feiertagen in Frankreich – und es gab deren viele, zuviele, nach der Meinung der *patrons* – Franzosen aus dem nahen Grenzbereich vorbei, um in dem griechischen Lokal zu speisen, schön und gut, gut und billig. Was sie bestimmt bestritten hätten, obwohl man *drüben* höhere Preise gewohnt war. Nein, in diesem schönen Restaurant geschah es auch aus Dankbarkeit gegen sich selbst: Wir haben in der Neuen Galerie erfolgreich eingekauft! Das macht uns Appetit. Oder: Ein gutes Essen zuvor macht Appetit auf ein gutes Geschäft danach. Es gehe auf das Gleiche hinaus. Und gegessen werden musste allemal.

Das neue Buch des Autors über kulturelle Orte und Schätze in Ostfrankreich dürfte den Griechen, den Nachfahren der Klassiker der Künste, nicht wesensfremd sein. Der Kellner, der zuerst an seinen Tisch getreten war, nahm das Buch sofort zur Hand und blätterte darin. Mit dem Kopf nickend bat er, es mitnehmen zu dürfen, um es dem Chef, der sich im Hintergrund des Lokals aufhielt, zu zeigen. Und der Chef schien sich schnell zum Kauf entschlossen zu haben, denn der Ober, ein Neffe, war blitzschnell zurück und legte mit einem achtungsvollen Murmeln einen Zwanziger an die Stelle des Buchs. Die Zehn-Cent-Differenz (19,90 Euro) war geschenkt! Und das Geschenk ging aufs Haus. Der Autor war ein wenig erstaunt über die wortlose Anerkennung seines Werkes durch einen Griechen, der mehr oder weniger integriert war. Seine Großfamilie tat sich noch schwer mit der deutschen Sprache. Aber das Werk enthielt eine Vielzahl von Fotos mit Bildunterschriften. Sie würden ohne Weiteres von ihnen gelesen werden können.

Das war anfangs so. Inzwischen haben Familie und Bedienstete beim Erwerb ihrer Kenntnisse der deutschen Sprache ordentlich zugelegt. Das würden die meisten Gäste unterschreiben.

*

Heute ist ein ganz anderer Tag, zwei Jahre danach. Der Autor legt jetzt den zweiten Band seiner *Lothringer Passagen* vor sich auf den Tisch in der festen Erwartung, dass sich der Vorgang »Buchverkauf im griechischen Restaurant« und irgendwie kostenloser Mittagstisch wiederholen wird.

Der Ober, der den Autor beim Platznehmen freundlich bis vorzüglich begrüßt hat, nimmt es wie damals zur Hand, schlägt es auf, blättert darin und deutet schließlich an, er wolle es zuerst dem Chef vorlegen. Will er es wirklich? Denn er hatte bei diesem Satz gezögert. Als er nach ein paar Minuten mit dem Salat-Teller zurückkommt – rohes Weißkraut, geriebene Karotten, grüner Salat, eine Olive, eine Scheibe Gurke, eine Scheibe Tomate, eine Schnitte Schafskäse und eine Pfefferschote – zeigt sich, stets das Gleiche, doch nie dasselbe! Auf die griechische Küche ist eben Verlass! Beiläufig bemerkt er, der Chef müsse es zuerst prüfen. Das Geld erhalte der Gast beim nächsten Mal.

Das nächste Mal kommt bestimmt. Es ereignet sich gewohnheitsmäßig. Das Ereignis besteht darin, dass derselbe Ober an seinen Tisch tritt, den Autor überschwenglich begrüßt und den Satz anfügt, er, der Autor, würde mit Sicherheit das Geld für sein Buch beim nächsten Mal erhalten. Heute laufe der Betrieb, wie er ja sehe, schlecht, fährt er fort und zieht einen Rundblick durch das fast leere Lokal, um Verständnis dafür bittend, dass man sich zu einem solch schwierigen Zeitpunkt (es gehe auf das Monatsende zu) und in dieser allgemeinen Finanzkrise keine Extras leisten könne.

Der Autor signalisiert Einsicht in die Krise des Yen, des Dollar, des Euro und erinnert an die gute alte Zeit der Drachme im Lande der Hellenen: Was für eine globale Katastrophe! Und sie habe noch nicht ihre »Talsohle durchschritten«. Die Frage, ob eine Krise »schreiten« könne, fällt ihm später erst ein. Am Ende könnte jedermann von ihr hart betroffen werden. Auch der Autor selbst. Gerade die Autoren, die dazu verurteilt seien, sich von Buch zu Buch durchzuschlagen und um die Auszahlung ihrer Honorare fürchten müssen. Sie hätten sich in die Abhängigkeit von ihren Verlagen begeben, die wiederum wirtschaftlich abhängig und damit gefährdete Unternehmen seien.

Seine Einsicht in die krisenhaften Zusammenhänge wird noch vertieft, indem er als Wortmann auch den sprachlichen Grund dieser Erscheinung im Blick hat: Die meisten Wörter, mit denen sich diese »Krise« beschreiben ließe, sind aus dem Griechischen hergeleitet: Krise, Ökonomie, Katastrophe ... Nicht so das hässliche Wort Pleite, aus dem Hebräischen kommend und als »rettende Flucht« aus der Misere führen soll.

Und? Dafür haben uns Westlern, Abendländlern und Republikanern die Griechen die Grundwerte der Demokratie, Homers Epos, die Sätze des Euklid, die Gedanken des Parmenides über das Sein, das Beispiel des Sokrates, Platons Höhlengleichnis, die Nikomachische Ethik des Aristoteles und vieles mehr geschenkt! Es ist nicht zu fassen, was wir noch alles dazurechnen müssten.

Das nächste Andermal findet bald darauf statt. Bei dieser Gelegenheit wird der Autor noch herzlicher begrüßt und noch aufmerksamer bedient als beim vorigen Mal. Denn er ist nach all den Jahren so etwas wie ein Stammgast geworden, obwohl er diese Bezeichnung wie auch die des ›Stammessens‹ nicht gerne hört oder liest. Ihn jedoch als »zum alten Inventar gehörend« zu bezeichnen, würde einer Beleidigung gleichkommen. Sogar der Chef verlässt diesmal seine Deckung und steuert, leise singend, auf seinen Tisch zu. Das tut er an manchen Tagen, um die Laune seiner Gäste bei widriger Witterung, wie bei diesem nicht enden wollenden Schneetreiben, aufzubessern. Oder er tut es, um die Sehnsucht der Anwesenden nach den Buchten der tausend griechischen Inseln, ihren klaren, blauen Wassern, dem feinen Sand, den frisch gekalkten Mauern und den Klängen sorgenloser Bouzoukis wachzurufen? Fest steht: Die zunehmend im Mittelmeer umhertreibenden Müll-Inseln haben die Strände Griechenlands noch nicht erreicht!

Auf der Höhe seines Tisches angekommen, wünscht der Chef seinem Gast-Autor einen Guten Tag und hängt dessen Vornamen an. Der ist einsilbig. Soll es eine brüderliche Geste sein? Oder ist es der Tatsache geschuldet, dass er den dreisilbigen Namen des Autors vergessen hat, immerhin auf den Titelseiten beider Bücher gedruckt? Nun, entschuldigt er im Stillen den Chef, er selbst könne sich die griechischen Namen auch nicht merken.

Diesmal ist das Lokal besser besetzt als in der vergangenen Woche. Ist die Finanzkrise schon vorbei? Ein paar Leute schauen auf bei so viel »Freundschaft« einem einzigen Gast gegenüber: ein völkerverbindendes Zeichen? Dem Euro trotz starkem Wellengang die Treue haltend? Wer weiß. Darüberhinaus geschieht nichts Nennenswertes. Der Autor isst seinen Salatteller leer, zerkaut sorgfältig die angegrillten Calamares – ist ihm mit der Zeit nicht dieses Gegrillte selbst zu einer Grille geworden? – nimmt Schluck für Schluck seinen kretischen Roten zu sich, den Ouzo nicht zu vergessen, bezahlt reichlich im Plus und verlässt das Lokal. Eine leichte Trunkenheit, wie er sie aus Irland kennt, folgt ihm nach draußen. Zudem nieselt es wie auf der Grünen Insel. Nur gibt man sich dort keineswegs mit Essen zufrieden. Wie sollte man, ohne anständig zu trinken, so schön und laut *It's a long way to Tipperary* singen können?

Beim nächsten Mal würde er sich Gedanken darüber machen müssen, was sich der Chef des griechischen Clans beim ›Erwerb‹ des zweiten Bandes wohl gedacht habe: Was soll ich mit noch einem dicken Buch über Lothringen? Hätte nicht das erste ausgereicht? Das erste habe ich sofort bezahlt. Hätte er mir da das zweite nicht schenken müssen? Gut, »müssen« vielleicht nicht, aber »können«, zumal er als Autor Geld verdient. Im Prinzip gehe ich davon aus, dass der zweite Band ein Geschenk war, Buch hin, Buch her! Und wiederkommen wird er bestimmt. Meine Fische schmecken ihm; das sieht man ja.

*

Notiz des Autors, ein halbes Jahr später:

»Heute Mittag beim Essen im Lokal der Göttin Demeter. Wie immer lese ich den *Canard enchaîné* als mir der jüngste der drei griechischen Kellner über die Schulter blickt und den Namen der französischen Wochenzeitung vorliest: »Lee Canarr«. Da ich weiß, das der Bedarf an französischen Sprachkenntnissen für das Personal ständig wächst, will ich gerne helfen und sage: »Le(ö) Canar(d), nicht »lee« und »Canar« nur mit einem »r« und einem »d« am Ende.« Er spricht es ein paarmal nach.

Ich übersetze *Le Canard* mit »Ente«, »Enterich«, »Erpel«, lobe die Haltung und Bedeutung dieser Wochenschrift für die kritische Öffentlichkeit in Frankreich und erwähne, dass sie ohne jede Reklame im Blatt arbeitet. Dadurch sichere sie weitgehend dessen Unabhängigkeit.

Nun tritt ein Ober, der Neffe des Chefs, hinzu und sagt: »Ist schwirig im Französischen. Man sagt nicht, wie man schreibt.«

»Aber das ist bei anderen Sprachen auch so, zum Beispiel im Englischen«, werfe ich ein, »im Deutschen weniger.«

Sein älterer Bruder ist hinzugetreten. »Ja«, fährt der Ältere fort, während der Jüngere nickt, »das ist im Griechischen anders. Wir sprechen genauso, wie wir schreiben!«

»Das mag sein«, erwidere ich im Hinblick auf meinen nichtbezahlten zweiten Band, »aber die Griechen halten nicht, was sie versprechen!«

Nun stimmen alle Drei, auch der hinzugekommene Cousin-Kellner, ein schallendes Gelächter an.

»Der Chef hat heute dienstfrei«, erklärt es einer, als alle sich beruhigt haben.

Und ich erinnere mich noch gut an die kleine Übung in Syllogismus, wo es hieß: Alle Griechen lügen.

Ende der Notizen des Autors.

LE MONDIAL — EIN NACHRUF

Der Ball, *le ballon*, das runde Leder, die weiße Kugel: getreten, geschossen, gestoßen, gepasst, geflankt, geköpft – der springende, hüpfende, fliegende Kobold, verfolgt von abertausenden Blicken, Wünschen, Flüchen: Wann landet er im Tor, im Netz, zwischen den Pfosten oder unter der Latte? Wann wird er abgefangen vom Torwart, weggeboxt von seinen Fäusten? Natürlich von denen des eigenen Torwarts. Haben wir Zuschauer nicht ein Recht auf diese Hoffnung während neunzig Minuten plus Nachspielzeit, sogar auf die zweimal dreißig Minuten Verlängerung, und ganz am Ende auf das zittrige Elfmeterschießen?

Das Recht, dem ›Sklavenball‹ bei seiner Arbeit zuzusehen, haben wir Zuschauer mit der Eintrittskarte erworben. Recht auf Arbeit oder auf ein Spiel? Ernst oder nur ein Spaß? Der Getretene ein Galeerensträfling oder ein Prinz Eugen? Untertan oder Souverän? Ein Verfolgter oder ein Verführer? Der Ball beherrscht beide Rollen, je nach Ansicht des Zuschauers, je nach Parteinahme, danach, in welche Richtung seine Anhängerschaft gerade den Kopf dreht und ihre Sicht sich wechselseitig ändert: Der Ball ist ein Allround-Ding und nicht zu vergessen das berühmte Trainerwort *Der Ball ist rund*, den Spielern noch einmal in der Kabine eingeprägt. Nur folgt er nicht immer seinem Ziel, auf das ihn Fuß oder Kopf gerade abgerichtet haben. So dreht er sich schon mal in der Luft um sich selbst, schlägt einen zu großen Bogen, senkt sich vorzeitig, wird vom Wind verschoben. Dann ist der Ball nicht mehr rund, sondern eckig und kantig. Ein Kobold mit großer Wirkung!

Ein wichtiges Spiel, ein großes Match, ein Kampf um die Weltmeisterschaft steht heute bevor, das Viertelfinale Deutschland gegen Argentinien, sechzehn Uhr, weltweite Übertragung. Der Deutsche würde es unbedingt sehen wollen.

Aber er befände sich zu dieser Zeit in Frankreich, in der tiefsten Provinz – Gibt es die noch?–, die er zu anderer Zeit so liebte, in einem der Dörfer an den Hügeln, *55, Meuse,* wo es, als er dort eingezogen war, kaum Telefone gab. Es war noch vor der Zeit des Mobilfunks, *ante mobilem natum.* Aber ein paar Fernseher gab es bereits im Dorf, mit riesigen Antennen auf dem Dach fortschrittliches Denken der Familien anzeigend. Oder nur dazu dienend, die langen Winterabende aufzuhellen? Jetzt sorgen Bündel von Satellitenschüsseln für weltweiten Empfang, für die Enttarnung aller Weltwunder und die Öffnung der einst bäuerlichen Geister zum Weltbürgertum. Kobolde tanzen unter den niedrigen Dächern lothringischer Häuser. Mit Hilfe eines Rückziehers gelangt der Ball ins eigene Tor.

Natürlich wusste *Monsieur l'Allemand,* der – um seine Naturnähe zu beweisen? – auf einen eigenen Fernseher verzichtet hatte, dass es beim Duell am heutigen Nachmittag knapp werden würde. Um *visuell* daran teilzunehmen, müsste er sich in die Kneipe im Nachbardorf begeben, da es in seiner dörflichen Nachbarschaft keine Fußballfans gab: die einzige Kneipe weit und breit, die einzige mit einem öffentlich zugänglichen Fernseher. Die *Equipe nationale de France* war, innerlich zerrissen, äußerlich zerschlissen, aus dem Wettbewerb gekickt worden. Nicht nur für die beiden Gegner auf dem Spielfeld, auch für ihn selbst, den Deutschen, könnte die Tele-Teilnahme schiefgehen. Denn Bernard, sein hilfsbereiter Nachbar, würde ihm, obwohl er seinen freien Samstag hatte, bei der dringend notwendigen Arbeit (nicht beim Spiel!) helfen, die neue Trinkwasser-Anlage auf dem Speicher zu installieren.

Wasser trinken geht vor Fußball spielen!
Im Prinzip.
Aber nur solange das Prinzip noch gilt.

Dieser Sommer machte seinem Namen alle Ehre. Die Bullenhitze (Hitze eines Bullen beim Decken?), die selbst die Übertragungen aus Südafrika kühl erscheinen ließen.

Bernard, den Nachbarn, focht das alles nicht an. Für Fußball hatte er kein Ohr. Wegen seiner hätten die *bleus* auch Handball spielen können. Für alles Handwerkliche jedoch hatte er ein feines Händchen. Was machen mit einem technisch so begabten, einem so liebenswerten und hilfreichen Menschen, dem Fußball leider keine Herzensangelegenheit, nicht einmal eine Augenweide ist? Ihn abbestellen? Kommt nicht in Frage! Im Übrigen tat er das, was er gerade tat, nach seiner inneren Uhr pünktlich und programmgemäß. Manchmal kam der dem Deutschen deutscher vor als dieser sich selber. So war die heutige Arbeit für die Zeit nach der üblichen Siesta der beiden Deutschen geplant. Dabei sollte es auch trotz der Übertragung bleiben. Es musste dabei bleiben, denn das Wasser aus dem Brunnen unter der Küche musste bis zum Abend in den neuen Behälter auf dem Speicher hochzupumpen und durch einen neuen Anschluss als fließendes Wasser unten wieder aufzufangen sein. *Fini!* Welch ein Glück, einen eigenen Brunnen unter dem Küchenboden zu besitzen!

Während *Monsieur* noch nach einer Lösung des Dilemmas suchte, rumpelte Bernard bereits mit dem Fass durch den engen Hausflur – eine Kuh musste mit vollen Mägen gerade noch hindurch schrammen! Er hatte das Nötige vorbereitet, zwei Stücke Kupferrohr, ein Stück Plastikschlauch mitgebracht.

Sandra, seine Frau, war ihm mit Lötgerät, Zange, Schraubenzieher und Klemmen gefolgt. Und losgegangen war's.

Die Stimme des Sprechers im Radio, die aus dem Kaminraum in den Flur und den Stall drang, schien sich zu verschlucken: Gerade fand ein Angriff des deutschen Sturms statt. Wieder war ein Turbo-Geschoss am gegnerischen Tor vorbeigegangen. Aber der Ball musste einen ungewöhnlichen *Effet* gehabt haben. Der Deutsche hatte das Radio laut aufgedreht.

Dann kletterten sie auf den Boden hinauf. Die Arbeit war, wie sich herausstellte, noch schweißtreibender als erwartet, Mühsal und Not für alle Beteiligten in dieser prallen Hitze. Sie ging langsamer voran als erhofft. Der Ball rollte währenddessen auf dem fernen südafrikanischen Rasen weiter, geschickt von den deutschen Spielern gehalten. Sie hatten den Raum eng gemacht und den Argentiniern ihr Spiel aufgezwungen, so der Kommentar. Ihr Spiel mehr oder weniger den Argentiniern aufgezwungen. *Monsieur* war dabei, den Überblick zu verlieren. Er musste sich auf den Einbau der dringend notwendigen Trinkwasseranlage konzentrieren! Und das bei dieser Hitze! Fußball, sagt man, sei die schönste Nebensache der Welt. Er ersetze alle anderen Ballspiele auf dem Planeten. Argentinien, nicht Deutschland, sei der eigentliche WM-Favorit. Doch, was heißt: eigentliche? *On verra, cher Bernard.* Gezählt wird erst nach dem Schlusspfiff.

»Deutsche Nationalmannschaft begeistert die Fußballwelt[*]«, hatte der Hausherr laut vorgelesen. Bernard verstand kein Wort Deutsch, leider auch nichts vom Fußball, völlig unverständlich. Dabei war er, politisch gesehen, ein Mann des Volkes, der alten Linken der französischen Republik.

»Fußball« heißt hier *foot*, aus dem Englischen geklaut. Und zu schlimmerletzt hätte er zu dem aufgeregten Deutschen ge-

---

[*] Saarbrücker Zeitung vom 5. Juli 2010

sagt: »Ich verstehe Dich nicht. Du siehst doch sonst die Dinge nicht auf nationaler Ebene – *sur le niveau national allemand.*«

Da hatte er wohl recht. Wirklich?

Der Ball dreht sich wie verrückt.

Nein, dieser Ball ist verrückt, trifft nur die Querlatte!

Darüber nachzudenken, führt zu nichts.

Weiter geht's im Text, *pardon!*, in der Taktik.

Man sieht ihn nicht, hört aber, wie der Ball, *ballon*, scharf am Tor vorbei fliegt. Aber *balle*, die Kugel, scharf geschossen. Traf sie ins Ziel? In dieser Gegend ist sowas nichts Unbekanntes. Reichlich wurden hier die Geschosse während zweier Weltkriege gewechselt: von den Höhen des Bergzugs herab in die Gärten, auf die Häuser, auf die Dorfstraße, wo sich deutsche Soldaten aufhielten und das feindliche Feuer erwiderten. Von der Höhe herab, auf der sich die französische Artillerie eingegraben hatte, schien der Beschuss leichter zu bewerkstelligen zu sein. Aber es gab während langer Monate keine nennenswerten Gewinne an Gelände. Der Kriegsgott konnte sich nicht für eine Seite entscheiden. Er trat auf der Stelle.

Plötzlich stieß ein tausendfacher Schrei aus dem Radio durch das ganze Haus. Selbst die grässlichen Vuvuzelas wurden übertönt: Deutschland hatte das erste Tor gegen Argentinien erzielt: eins zu null! Und bisher keine Verluste. Im Gegenteil: Bernard, Sandra und er, der Autor, waren mit der Installation ein Stück vorangekommen. Immerhin. Gemeinsame Anstrengung in der dritten Generation danach.

Die Schlacht auf dem Spielfeld würde weitergehen. Wie würde sich der Spielgott diesmal entscheiden: für die deutschen oder die argentinischen Spieler?

LE MONDIAL — ERINNERUNGEN AN 2002

Sommer zweitausendzwei. Fußballzeit.
Eine andere Weltmeisterschaft, *mondial*, in Japan und Südkorea.

Urbi et orbi, weltweit durch Satelliten übertragen.

Und ganz ohne päpstlichen Segen.

Ein Teil der westlichen Welt hatte sich vom Gott der Christen abgewandt. Die Erinnerung an den Einsturz der beiden Türme des World-Trade-Centers in New York schmerzte noch sehr, eine offene Wunde tief im Gedächtnis der Zeit. Die Säulen, Symbole kapitalistischer Traditionen, waren in Flammen, Rauch, Staub und Trümmer aufgegangen, zerfallen; aber geblieben waren auch die Bilder in den Tod springender Menschen, unauslöschlich. Der muslimische Teil der Welt sah darin ein Zeichen, dass sich der Prophet unter dem Halbmond aus dieser Asche erheben würde.

Juni zweitausendzwei. Die Spiele auf den Rasen der Stadien würden die finsteren Wolken der Erinnerung daran vertreiben. Einen Monat lang Fußballzeit! Wohl auch im *bistrot* des kleinen Dorfes Saint-Maurice-sous-les-Côtes, am Ostrand des Département Meuse, ehemals mit »Maas« bezeichnet. Hallo, *allô*, und nicht mit »Memel« zu assoziieren!

Es handelt sich um ein dünnbesiedeltes, in weiten Teilen landwirtschaftlich genutztes Gebiet, *très modeste*, das einst mit seinen friedlichen Hügeln und Tälern, Wiesen und Wäldern, Straßen und Kanälen ein riesiges Aufmarschgebiet und späterer Kriegschauplatz gewesen ist. Im Wechselschritt der deutschen und alliierten Heere war das Gelände vor drei Generationen noch heftigst umstritten, angegriffen und laufend Meter für Meter verteidigt.

Übertragung sprachlicher Bilder: Die befestigten Stadttore von Verdun waren unter Beschuss genommen worden. Man stürmte sie. Vergeblich. Der FC Metz schoss in den letzten Spielen immerhin wieder Tore.

Aktuell: Deutschland gegen USA. Letztlich gilt für beide Teams, den Ball ins gegnerische Tor zu befördern und damit den Kampf für sich zu entscheiden, im Wettstreit zu punkten, sich in der Qualifikation an die Spitze der Tabelle vorzuarbeiten und durch das Achtel-, Viertel- und Halbfinale hindurch ins Finale zu gelangen. Ziel ist der Gewinn der Weltmeisterschaft zweitausendzwei.

Der Autor sah und hörte, wie die Nationalhymnen erklangen. Locker stehend aufgenommen und, im Falle der deutschen Nationalspieler, das Mitsingen mimend, in der Weise, dass nur Fetzen von Melodie und Text aus ihren Mündern drangen. Nicht übel. Oder doch? Aber wenigstens marschierten sie nicht mehr im Gleichschritt wie die Vorväter. Sondern die Mannschaftsführer gaben sich die Hand, tauschten Wimpel aus, nicht Standarten, und begrüßten ihren Chef, den Schiedsrichter mit seinen beiden Linienrichtern. Wie vorher vereinbart, wachten sie darüber, dass die Regeln eingehalten würden. Verstöße würden sofort geahndet werden. Abertausende Augen würden ab jetzt über die Spieler und deren Überwacher wachen. Die Befehle wären oft hart, würden jedoch für gewöhnlich angenommenn, weil sie nachvollziehbar seien. Die Fouls wären ebenfalls hart, wirkten jedoch für gewöhnlich nicht tödlich.

Der Spieler verlässt ein Spielfeld, nicht das Schlachtfeld!

Fröhlich oder traurig, müde, aber lebendig. Oder alles zusammen.

Jeder kennt das. Fußball ist unser Leben! Der Rasen unsere Welt!

Der Boden dieser Welt, nicht das zerklüftete Schlachtfeld!, ist in gegenläufigen Bahnen gemäht, sorgfältig, damit ihm durch den Ball kein Hälmchen gekrümmt werden kann! *Le ballon est rond*, hatten die »Blauen« zuvor durch die Senegalesen erfahren müssen und waren ausgeschieden: Die senegalesische Verteidigung hatte wie *ein* Mann gestanden. Der französische Angriff war meist über den linken Flügel geführt worden. Es war den Franzosen nicht gelungen, die gegnerische Abwehr zu durchbrechen. Ihnen war so gut wie nichts gelungen. Die einst von Franzosen kolonisierten Afrikaner hatten sich an ihren ehemaligen Herren gerächt. Auf dem Fußballplatz. Gott mit ihnen!

Hélas! Der Autor war bei solchen Kämpfen innerlich meist auf der Seite der Unterlegenen, der schwächeren Mannschaft, in der Hoffnung, sie rappele sich auf und trage am Ende doch noch den Sieg davon. Oder verlasse den Platz als moralischer Sieger. Obwohl ihm klar war, dass der Spielgott keine Moral kannte.

Sowieso hielt er den Deutschen bei, trotz offensichtlicher Schwächen einzelner Spieler. Gewohnheitsgemäß hielt er sie für das bessere Team, zumal es inzwischen aus den Besten beider ehemaliger deutscher Staaten bestand. Wenn es auch nicht zum »Zauberkicken«, siehe Brasilien, reichte, so bestand Stärke dieser Elf in der Zahl »elf«. Elf Spieler wie ein Mann! Als Fan steht man bequemer auf der Seite des Siegers.

Nun auf dem Bildschirm im Bistro des *Café du Coin*, sah der Autor, wie die Deutschen sich schwer taten gegen die jungen, schnellen und den Ball geschickt haltenden Amerikaner. Ob *Unsere* – der Autor erwischte sich bei dieser sprachlichen Zuordnung – wenigstens am Ende den Sieg davontrügen? Das wüsste nur der Frosch im Teich seines Gartens in B.

Galten diese nicht als wetterfühlig, zukunftweisend und

glückverheißend? Hätte er nicht besser einen Frosch mitnehmen sollen, um ihn dem Wirt in einem Glas vor die Nase zu setzen? Der Wirt, ein ziemlich zäher Bursche spielte auffallend langsam und laut Tischbillard. Der Deutsche hatte als einziger Gast ja sein Spiel zum Anschauen!

Das Spiel lief schnell. Für die deutsche Seite lief es schlecht. Dass der deutsche Gast inzwischen im Geiste bei seinen Landsleuten mitspielte, hatte bisher keinen Erfolg gebracht. Wie auch, bei dieser Entfernung! Seine Füße scharrten abwechselnd auf dem rissigen Boden der Kneipe, blieben aber ohne Ballberührung. Die Dielen hätten eine neue Beize vertragen. Hatte eigentlich diese Beize, etwas mit »beizen« zu tun? Die Gedanken flogen hin und her, der Ball auf dem Bildschirm ebenfalls.

Torwart Oliver Kahn hatte zweimal im Nachfassen auf der Torlinie retten müssen. Der Deutsche sah den auf den Tischrand gestützten und mit dem Stock zielenden Wirt an und sagte: »Wir brauchen unbedingt ein Tor vor der Halbzeit.« Es war nicht klar, ob er den Satz auf Französisch überhaupt verstanden hatte, als er aufblickte: »Wir? Sie meinen: die Deutschen? Wir, die Franzosen, brauchen jedenfalls kein Tor mehr!«

Trotzdem fiel wenig später das ersehnte Tor. Halbzeit. Pause. Sendepause. Tor. Halbzeit. Pause. Sendepause. Reklame. Keine Reklame. Kommentar des französischen Senders.

Erinnerungen an sein von den Amis besetztes Elternhaus anno 1945: die verschissenen und verpinkelten Räume, die aus den Fenstern baumelnden Beine und Füße der Sieger, ihre Rufe nach jungen Mädchen, die Griffe nach den Frauen. Im Krieg hatten keine Schiedsrichter bereit gestanden. Kein Pfiff, der die Angreifer hätte im Abseits markieren können, kein Strafstoß gegen die Angreifer und keine gelbe oder rote Karte. Und hieß es nicht, die USA plane erneut das Kriegspielen, diesmal im Irak? Kein Schiedsrichter, der sie hätte zurückpfeifen können. Nein, sie würden im nächsten Frühjahr auf diesem Kriegsschauplatz einlaufen. Böse Geister waberten über das elektronische Spielfeld, verschwanden wieder. Die zweite Halbzeit hatte begonnen.

Die Zitterpartie lief auf einen Höhepunkt zu, als ein deutscher Mittelfeldspieler den Ball, mit der Hand?, auf der Torlinie abfing, der Schiedsrichter aber nicht auf Freistoß erkannte. Zum Glück!, aber zum Unglück der Amerikaner, die mit einem Elfer wahrscheinlich den verdienten Ausgleich erzielt hätten. Soviel Gerechtigkeit muss sein, gestand sich der Autor ein, wobei er wohl die Rechnung ohne den Wirt gemacht hatte. Denn dieser stellte gerade trocken fest: Handspiel! Wie? Er hatte doch eben noch Zeitung gelesen. Klarer Fall!, ergänzte er und setzte seine Lektüre fort. Über seinen gesenkten Kopf hinweg verteidigte der Deutsche den neutralen Mann: Der Schiedsrichter habe das nicht sehen können! Um vielleicht doch noch einen artigen Dialog zustande zu bringen, bestellte er für jeden ein Bier, in der Hoffnung auf aufkeimende Geselligkeit zu Zweit. Die aber blieb aus.

Dafür ging es auf dem Bildschirm umso munterer, spannender zu. Die deutsche Nationalmannschaft überwand die gegenerischen Angriffe immer wieder, leitete eigene Vorstöße ein. Und plötzlich – der erlösende Schlusspfiff ertönte – erschien es dem Autor gleichgültig, ob sich der weitere Tagesablauf für ihn einsam oder zweisam gestalten würde. Ein zweites Bier aber könne nichts schaden. Hauptsache, die deutsche Mannschaft war einen Schritt weiter in Richtung Endspiel gekommen.*

---

* Deutschland kam bis ins Finale gegen Brasilien, unterlag dort 0:2.

EIN ZWISCHEN-FALL

Fragmentarischer Bericht einer Frau aus dem deutsch-französischen Grenzraum

*

Zu Hause hielt ich es nicht mehr aus, packte ein paar Sachen zusammen und verschwand nach Ahrweiler, wo eine Bekannte von mir wohnte.

Vorher hatte ich den Kleiderschrank meiner Mutter aufgebrochen, um Geld und meinen Ausweis mitzunehmen. Ich hatte Glück und wurde in Ahrweiler im Krankenhaus angestellt.

*

Meinem Vater schrieb ich sofort einen Brief: »Wenn ich nicht innerhalb einer Woche meine Kleider habe, zeige ich dich wegen sexuellen Missbrauchs an!«

Er schickte mir gleich meine Sachen.

*

Ich fing in Ahrweiler an das Leben zu genießen. Nach der Arbeit ging ich regelmäßig mit einer Arbeitskollegin aus. In kurzer Zeit hatte ich schon vier Liebhaber. Es machte mir gar nichts aus, da ich meinen Körper sowieso eklig fand. Keinen dieser Jungs habe ich geliebt.

*

Nach zwei Jahren kehrte ich ins Saarland zurück. Jetzt, als ich das aufschreibe, habe ich eine kleine Wohnung in Geislautern. Arbeit finde ich in einem Speiserestaurant in Forbach. Dort arbeite ich in der Küche. Die Arbeit ist nicht schlecht; nur essen kann ich nichts. Überall flitzen die Kakerlaken herum. Ich muss lachen: Oben sitzen die feinen Leute, Geschäftsleute und Bankiers, und speisen gemütlich. Wenn die wüssten, wie es hier in der Küche aussieht! Manchmal zünden wir Zeitungspapier an und verbrennen die Kakerlaken an den Heizungs- und Wasserrohren.

*

In Forbach lernte ich meine große Liebe kennen, Jean-Paul. Er war ein gutaussehender junger Mann, schlank, mit blauen Augen, zweiundzwanzig, ein halbes Jahr älter als ich. Ich habe mich sofort in sein Aussehen verliebt. Auch seine ganze Art gefiel mir. Er lachte viel, war immer gut drauf, eben ein lustiger Typ.

Er arbeitete ebenfalls in Forbach als Chauffeur in einer Kohle- und Heizölfirma. Geschwister hatte er noch fünf.

*

Eigentlich hätte mir auffallen müssen, dass er recht viel trank. Da ich bisher aber noch keine negativen Erfahrungen mit Alkohol hatte, störte es mich zu diesem Zeitpunkt nicht allzu sehr. Ich liebte ihn wahnsinnig und wollte immer bei ihm sein. Dann wurde ich schwanger.

Als ich ihm die freudige Mitteilung machte, ging er in Abwehrstellung: »Ich bin gerade erst aus dem Algerienkrieg gekommen (Ende, Evian 1962). Dort habe ich meinen *Service* (27 Monate) absolviert. Nun möchte ich meine Freiheit genießen!« Und weg war er.

Ich lief nun die Straßen hinunter, immer geradeaus. Mein Kopf war ganz leer, ich dachte an nichts. Auf einmal hielt ein Auto neben mir. Ein Mann stieg aus und fragte mich, ob er mir helfen könne: »Mädchen, komm, steig ein! Ich nehme dich erst mal mit nach Hause. Es wird schon alles wieder werden.«

*

Jetzt saß ich in Creutzwald (Moselle). Wieder in Frankreich. In einem schönen Haus. Die Kinder um mich herum. Und *Monsieur P.* bat mich, für seine vier Kinder zu sorgen, während er zur Arbeit ging. Lohn könne er mir dafür nicht geben, aber etwas Taschengeld. Und er melde mich bei der Krankenkasse an, damit ich zur Entbindung ins Krankenhaus könne.

Einen so guten und ehrlichen Menschen findet man nicht oft.

Am Abend des Dreiundzwanzigsten kam mein Sohn zur Welt. Es war ein wunderschönes, schwarzgelocktes Baby! Nach einigen Tagen wurde ich mit meinem Kind, das ich René nannte, entlassen. Nun hatte ich fünf Kinder und einen Mann zu versorgen. Es klappte wunderbar.

*

Wenn ich Zeit hatte, ging ich mit René spazieren. Da lernte ich einen jungen Mann kennen, der sich sehr um mich bemühte. Ich vertraute ihm nach einiger Zeit sogar meinen Sohn an, so gut verstand ich mich mit Gérard. Es kam, wie es kommen musste: Er gestand mir seine Liebe. Und wir schliefen zusammen.

Nun überstürzten sich die Ereignisse. *Monsieur P.* verunglückte im Ort mit seinem Motorrad. Da seine Frau nicht erreichbar war, kam die Polizei zu mir. Sofort fuhr ich mit zum Krankenhaus und saß neben seinem Bett. Ich beobachtete wie er sein Leben aushauchte und weinte bitterlich.

*

Dieses Unglück sprach sich schnell herum. Und seine Frau stand wieder auf der Matte. Sie hatte ihn mit vier Kindern im Stich gelassen und bedankte sich bei mir: Es ginge aber aus finanziellen Gründen nicht, dass ich dabliebe.

Das war natürlich ein Schock für mich. Nun stand ich mit meinem Sohn alleine da.

*

Jean-Paul, den Vater meines Kindes, liebte ich immer noch. Zu allem Überfluss blieb jetzt auch noch meine Regel aus. Ich wusste sofort, dass ich wieder schwanger war. Diesmal von Gérard.

*

Jean-Paul musste seinen Sohn sehen! Ich schickte ihm ein Foto von René mit ein paar lieben Zeilen. Einige Tage später war er da, um mich zu sich zu nehmen. Mit soviel Glück hatte ich nicht gerechnet. Endlich würden wir heiraten.

*

Ich beichtete ihm meine neuerliche Schwangerschaft und war erleichtert, dass er so verständnisvoll reagierte: Das sei nicht so schlimm, und wir würden dieses Kind schon durchbringen. Er liebe mich ja und wolle mich heiraten.

*

Ich ging mit Jean-Paul zurück nach Forbach. Vorläufig wohnten wir bei seinem Vater. Im gleichen Haus wohnte auch die Familie seines Bruders. Diese hatten selbst schon fünf Kinder. Die Wohnverhältnisse waren schlecht. Wir kannten uns noch nicht lange genug, um so dicht aufeinander zu sitzen. Trotzdem heirateten wir.

*

Es stellte sich bald heraus, dass mein Mann nicht aus Liebe zu mir zurückgekommen war. Als seine Mutter das Bild von René gesehen hatte, soll sie gesagt haben: »Jean-Paul, das ist mit Sicherheit dein Sohn! Er sieht genauso aus wie du, als du klein warst. Endlich mal ein Junge.«

Sein Bruder Raoul hatte nämlich zur gleichen Zeit fünf Töchter. Den ersehnten Sohn gab es nie. Es folgten noch fünf Töchter.

Jeden Abend kam Jean-Paul betrunken nach Hause. Er hatte dann Augen wie ein Teufel – stechend und böse. Nach und nach steigerte sich das, bis er zum ersten Mal zuschlug.

Es traf mich wie mit einem Hammer. Die ganze Familie hatte es gesehen, doch niemand konnte etwas daran ändern. Nur in mir hatte sich schlagartig etwas geändert. Aus Liebe war Angst geworden.

Einmal kam ich hinzu, als er mit beiden Händen den Hals unseres Sohnes umklammerte, nur weil das Kind im Bett geweint hatte. Als ich ihn zur Rede stellte, bedauerte er den Vorfall und versprach, es nie wieder zu tun.

*

Mittlerweile war es Februar, und ich war im sechsten Monat. Jean-Paul schlug mich regelmäßig und sagte: »Ich will den Bankert nicht! Ich hau' ihn dir aus dem Leib! Mach, dass du verschwindest.«

Als mein Mann hörte, ich ginge in die Mutter-Kind-Klinik nach Metz, war er auf einmal wie umgedreht: Das Kind solle ich dort lassen, dann würde alles wieder gut.

Am 12. Mai habe ich eine gesunde Tochter geboren. Sie war so niedlich, hatte ein kleines Stupsnäschen. Zwei Wochen lang habe ich sie neben meinem Bett gehabt, gestillt und gewickelt.

*

Die Zeit verstrich. Und ich hätte keine Chance mehr, mein Kind, das ich in Metz gelassen hatte, wiederzusehen. Inzwischen hatte Jean-Paul in Marienau (Moselle) in einem Hochhaus eine Wohnung für uns gefunden. Ich fing an, alles gemütlich einzurichten. Viel Geld hatten wir ja nicht. Ich dachte immer noch an ein normales Eheleben.

*

Von jetzt ab werde ich in der Gegenwartsform schreiben, das ist einfacher: Es ist Sonntag heute und ich koche. Sonntags ist Jean-Paul sehr nett. Er bleibt zu Hause und kümmert sich liebevoll um seinen Sohn. In solchen Momenten schöpfe ich wieder Mut.

Beim Mittagessen ist kein Rotwein auf dem Tisch, ein Grund, dass der Tag für heute gelaufen ist! Das Geld ist so knapp, dass ich einfach andere Sachen nötiger brauche – zum Beispiel Milch für René.

Jean-Paul ist beleidigt und redet kein Wort mehr mit mir.

Um sechs Uhr früh geht Jean-Paul aus dem Haus, aber nicht, bevor wir Sex hatten. Er besteht darauf. Wenn ich nicht will, nimmt er sich ›sein Recht‹ mit Gewalt. Um zwölf Uhr ist er zum Essen wieder da. Aber zuerst will er wieder Sex. Es ist widerlich: ohne sich vorher zu waschen. Er ist noch dreckig vom Kohleabladen, und hat keine Zeit sich auszuziehen, auch die Schuhe behält er an. Er schmeißt mich auf's Bett, öffnet die Hose und in ein paar Minuten ist alles vorbei.

Mir ist so schlecht, ich könnte mich übergeben. Und abends wieder das Gleiche.

*

Im September merke ich, dass ich wieder schwanger bin. Jean-Paul ist sehr erfreut darüber, denn er will mindestens sieben Kinder haben. Wenn er sich doch nur ändern würde!

Er ist jeden Tag so besoffen, dass er nicht mehr weiß, was er tut. Überall, wo Kohlen abgeladen werden oder Heizöl angeliefert wird, gibt es etwas zu trinken. Die Kunden sind so. Bei den einen gibt es eine Flasche Bier und einen Schnaps, bei den anderen Wein. Und nach Feierabend geht's mit den Kollegen in die Kneipe. So kommt er nach Hause und bringt die Saufbrüder mit. Nicht einmal ins Bett darf ich, wenn die da sind. Sie sitzen am Tisch und lallen. Der Speichel läuft ihnen aus dem Mund. Wenn sie gegangen sind, bekomme ich ›meine‹ Prügel mit Sätzen wie: »Du hast die ganze Zeit über meine Freunde angistert, du Schlampe! Und nun los, ins Bett mit dir, damit ich dich ficken kann!«

*

Wirklich: In der Klinik Marie-Madeleine in Forbach habe ich ein Mädchen geboren. Im Moment ist für mich die Welt in Ordnung. Ich habe ihr den Namen Nadine gegeben.

Morgen – nach der Arbeit – kommt Jean-Paul mich besuchen. Wird er sich freuen?

Er macht die Türe hinter sich zu und dreht sich zu mir um: »Mein Gott, wie du aussiehst! Man muss sich ja schämen!«

Und er bückt sich, als ob er mich küssen wollte. Dann sagt er zu mir: »Du faule Sau, mach dass du nach Hause kommst! Im Bett rumliegen! Mit mir nicht!«

Ohne zu überlegen, sage ich zu ihm: »Ich komme mit, aber lass mich aufstehen.«

Er tritt zur Seite – und mir nichts, dir nichts, bin ich aus dem Zimmer und auf der Toilette. Dort sperre ich mich ein.

*

Wenn er morgens auf der Arbeit ist, geht es mir gut. Es ist so schön. Ich spiele mit den Kindern. Sie sind hübsch, alle beide. Ich liebe sie über alles. Nächste Woche kommt René in den Kindergarten. Ich glaube, es wird ihm gefallen. Er spricht gut Französisch, obwohl ich nur Deutsch mit ihm rede. Das lernt er draußen beim Spielen. Auch ich verstehe diese Sprache gut; und schreiben kann ich sie außerdem. Besser als mancher Franzose.

*

Die Kinder habe ich hingelegt. Sie sind nun auf den Füßen. Jean-Paul kommt nach Hause. Mit beiden Fäusten schlägt er wieder zu. Voller Panik renne ich aus der Wohnung, zwei Treppen höher zu einer Nachbarin. Wir rufen die Polizei. René kommt die Treppe hoch und weint fürchterlich; sein eigener Vater hat ihn aus dem Fenster im Parterre geworfen.

Nun war Nadine noch in der Wohnung. Als die Polizei die Wohnung betritt, stellt sich heraus, dass er die Einrichtung kaputtgeschlagen hat. Alle meine Kleider sind zerrissen.

In Begleitung der Beamten nehme ich mein Kind aus dem Bett.

Meinen Mann nehmen sie mit auf das Kommissariat – aber nur für vierundzwanzig Stunden.

Danach kommt er heim, kniet vor mir nieder und verspricht, dass das nie mehr passieren würde; ich solle ihm verzeihen. Was ich auch tue.

*

Wir sitzen in der Küche. Plötzlich guckt Jean-Paul mich hasserfüllt an, sagt: »Weißt du eigentlich, wer ich bin? Ich bin ein Held, *un héro*. Frankreich ist stolz auf mich. In Algerien habe ich die kleinen Bälger an die Wand genagelt, die Frauen gefickt. Dann habe ich ihnen die Brüste abgeschlagen; anschließend die ganze Familie erschossen. Die Männer mussten zusehen, wie wir ihre Frauen fickten.

Er murmelt: *nadim bebeck, hawra minna!*

Ein andermal sagt er, er sei stolz darauf, an Beduinen und Kamelen Schießübungen veranstaltet zu haben; auch hätten er und seine Truppe Gefangene ins Meer geworfen, nur so – aus Langeweile. Die hätten ja nicht schwimmen können. Das habe einen Mordsspaß gemacht.

Manchmal glaube ich, wenn er mir wieder im Bett den Hals zudrücken will, er meine, ich sei eine von den Algerierinnen.

*

Ich wundere mich, dass wir alle noch leben. Doch es kommt der Tag, da er ins Krankenhaus muss. Die Ärzte stellen einen Lungenriss fest. Fast ein Jahr lang ist er nun schon weg und nach der Operation noch für einige Monate in der Reha. Jetzt endlich handele ich. Die Scheidung ist ein Muss. Und eine andere Wohnung muss her, eine, die auf meinen Namen lautet. Leider finde ich nur ein Appartement im nächsten Hochhaus *(HLM)*. Ist aber besser als gar keine. Ich stelle mir einen dicken Hammer hinter die Türe.

Wenn er zurückkäme, würde ich mit Sicherheit zuschlagen.[*]

---

[*] Die Grundlage ist der authentische Lebensbericht einer Frau. Sie bat mich, aus dem Konvolut einen »lesbaren« Text zu machen. Die Namen wurden ausgetauscht.

ALS AUTOR ZWISCHEN
DEUTSCHLAND UND FRANKREICH

Es mag bombastisch klingen. Ein Einzelner, ein Subjekt, das ein Autor ja stets ist oder zumindest zu sein glaubt, nimmt für sich in Anspruch, zwischen zwei so ausgedehnten Räumen hin und her zu pendeln, als seien sie ihm durchaus bekannt, als handele es sich um Station D und Station F? Dabei nicht selten die Fragen vor Augen: Was ist dieses Deutschland eigentlich, was dieses Frankreich, zumindest für mich? Und schließlich: Wie gestaltet sich die kleine Rolle, die du dabei spielst?

Eine Zeilenschaltung – und schon ist die Frage nach der Identität zweier Länder und der eines seiner Besucher oder Bewohner aufgetaucht. Aber belassen wir es probehalber dabei.

Eine erste Aussage über beide Länder könnte lauten: Sowohl Deutschland als auch Frankreich sind Staaten der Europäischen Union, mehr noch: Sie zählen zu deren sechs Gründerstaaten und: Sie sind das Herzstück dieses historisch einmaligen Versuchs, bestärkt durch das persönliche Zusammentreffen zweier großer Staatsmänner, Konrad Adenauer und Charles de Gaulle. Oder war die Reihenfolge umgekehrt. War nicht de Gaulle derjenige, der 1962 eine erste Deutschland-Reise unternahm? Und hat Adenauer nicht lange Zeit gezögert, Frankreich einen Staatsbesuch abzustatten und in Colombey-les-Deux-Eglises in der *Boisserie* de Gaulles zu übernachten (1958)? Eine weitere Frage ist zu stellen: Was wäre aus Europa geworden, hätte es nicht zur gleichen Zeit in Frankreich einen Robert Schuman, einen Jean Monnet, in Belgien einen Paul-Henri Spaak und in Italien einen Alcide de Gasperi gegeben?

Unsicherheiten. Ungewissheiten. Besonders auf dem Parkett der europäischen Politik. Nicht, um die Fragen endgültig zu beantworten, sondern um uns ihnen anzunähern, begeben wir uns ein paar Sätze lang auf dieses verminte Feld.

Ein gern begangener Weg bietet nur eine Scheinlösung an: der Sprung ins Reich der *clichés*, die Vorurteile bedienen! Einen aktuellen Beitrag dazu hat der tschechische Künstler David Cerny in Brüssel geleistet. Oder sollte es besser heißen: sich geleistet? Da wird Spanien symbolisch als Betonplatte dargestellt, weil dort in wilder, mehr noch, in staatlich geförderter Bauwut ganze Landstriche zugemauert wurden; Italien erscheint als ein Land der Tifosi, der Fußballfans, auf einem einzigen Sportfeld, ein Stiefel mit verkantetem Ball an seiner Spitze; Deutschland sticht hervor als Autobahnnetz im Zeichen eines vermuteten Hakenkreuzes und Frankreich als Bastion der Streikenden.

Das ist schön und gut! Was Kunst auch sein soll. Aber ist es auch richtig? Oder soll ich fragen: Ist es auch wahr? Sind solche Vorurteile nicht schädlich? Es ist richtig, sofern man lieber sein Geschäft mit Pauschalen als mit aufgelisteten Details machen möchte. Damit ist die Frage nach der Wahrheit immer noch nicht gelöst. Sie erfordert den Einsatz des erkennenden, mehr noch, des liebenden Subjekts, wie es die platonische und viel später die thomistische Erkenntnislehre vorgab. Und die Ethik, die Lehre vom Handeln? Vom angeblichen Beleidigen nationaler Insignien?

Es schadet nichts, solange man sich der Umstände, die dazu führten, bewusst bleibt! Deshalb sollte niemand davor zurückschrecken, Vorurteile zu setzen und sie zu verwenden, dies in der Weise eines vorläufigen Urteilens in Richtung eines geprüften Urteilens, von mir aus, eine ganze Kette von Versuchen herstellen. Am besten, man gelangt erst gar nicht zu einem endgültigen Urteil, weil jedes Urteil in der Zeit verweilt und mit ihr sich die ursprünglichen Gründe verändern. Oder am Ende gänzlich weggefallen sind.

Zwischen Deutschland und Frankreich

Aufgrund des nun einmal angenommenen Titels soll ich mich als Autor zwischen Deutschland und Frankreich, zwischen Station D und Station F, bewegen. Doch bevor ich zu der Bewegung selbst komme, bitte ich Sie, mich bei einigen Bemerkungen über beide Stationen zu begleiten und mir notfalls zu widersprechen. Das gehört zum guten ›kolloquialen‹ Handwerk.

Station D – Deutschland. Schon ist's passiert: Denn vorzugsweise bin ich Saarländer, als Deutscher kurz nach der von zwei Dritteln der damaligen Einwohnerschaft gewählten Rückgliederung ins Dritte Deutsche Reich geboren (1935). Ohne mein Zutun vollzog sich das. Meine Mutter ging – mit mir schwanger – zur Wahlurne in die Alte Schule in der Ambetstraße in Schmelz (Landkreis Saarlouis) und hat in späteren Jahren auf mein diesbezügliches Fragen nie geantwortet. Abgesehen davon, dass eine solche Frage damals als eine Frechheit galt, hätte sie – fromme Katholikin und gute Ehefrau, die sie war – kurz angebunden erwidert: »Was hätte ich denn Anderes machen sollen?« Soweit zu jenem Deutschland.

Bevor ich mir etwas zum jetzigen Deutschland einfallen lasse, bleibe ich lieber ein paar Sätze lang in unserer Region. Das mag mit meiner Kindheit im Zweiten Weltkrieg zusammenhängen, den ich – und das ist buchstäblich gemeint – im Saarland, Kreis Saarlautern, Bürgermeisterei Schmelz, überlebte.
Auf einem Blatt, das ich zufällig bei meinen Vorbereitungen entdeckte, liest das sich so über den Autor:

Sein Misstrauen
gegen eine Goldrandbrille
gegen eine Krawatte, gegen alles
straff Sitzende, Uniformierte, Feldgraue.
Ein steifer Hemdkragen, bis heute ein Gräuel.
Heinrich Himmler Goldrandbrille?

Früh verloren für die Welt dieser
gut sitzenden Ein- und Zweireiher.

Ein Grenzgänger auf der Suche
nach fernen Ländern, wirklichen
und eingebildeten.
In Kipplage von Anfang an
Labil, fragil,
Randlagen, Ränder, zwei Seiten mindestens,
und niemals auf der richtigen Seite.
(Fragment ohne Datum, gekürzt)

Wiederum hatte ich keine Wahl, kein Wahlrecht, denn am 23. Oktober 1955 war ich ›erst‹ zwanzig Jahre alt.

Ich hatte Ende September des gleichen Jahres die große Kundgebung der drei deutschen Parteien (Ney für die *CDU*, Conrad für die *SPD* und Schneider für die *FDP*) in der Wartburg besucht, erschrocken über deren rüde nationalistischen Töne; dies, nachdem ich den Sommer beim internationalen *Jamboree* (Welttreffen der Pfadfinder) in Kanada verbracht hatte. Danach befielen mich Zweifel wie ein leichtes Fieber. Zweifel darüber, ob es auf diese Weise und mit solchen Weisen (Liedern) sinnvoll wäre, wieder »heim ins Reich« zu kommen. Längst hatte sich in meinem Innern die Idee Europa niedergelassen.
Zweifel.

Keine Zweifel hatte ich in Bezug auf meine kulturelle Heimat, die sich mir vor allem über die deutsche Sprache und Literatur vermittelt hatte. Da ich vom Lande kam, war Hochdeutsch so etwas wie meine erste Fremdsprache, die ich in der Schule erlernen musste. Die zweite, das Französische, war ab 1945 bereits in den damaligen Volksschulen durch die französische Militär- und spätere Zivilverwaltung erzwungen (forciert) worden, und, wenn nötig, mit Stockschlägen eingebleut (instruiert), von Lehrern, die kaum des Französischen mächtig waren. Nebenbei gefragt: Kann man je einer Sprache ›mächtig sein‹?

Später auf dem Gymnasium ging ich über diese neue Brücke, auf wackeligen Beinen tastete ich mich voran. Auf der gegenüberliegenden Seite eröffnete sich allmählich eine andere Welt, nicht mehr voller Propaganda, sondern im Zeichen der Aufklärung, des republikanischen Geistes, der *Civilisation Française* (Freiheit, Gleichheit, Brüderlichkeit). Erst lange danach erfuhr ich, wie diese drei Schwestern sich in den Haaren liegen konnten!

Heimat

So war auch mein Begriff von Heimat, sofern er an das Saarland beziehungsweise die Region gebunden war, missverständlich und von mir nicht unbedingt positiv ausgelegt.

Ich zitiere aus einer Untersuchung der Goethe-Universität Frankfurt unter Leitung von Prof. Schilling zu »Heimat als Geheischnis« aus dem Jahre 1982, während der auch ich befragt worden war.

»*Heimat* ist nicht (nur), woher man kommt, eben dieses Geborgene. Heimat ist etwas, was einer sich erarbeitet hat unter Schwierigkeiten (…) Ich glaube, dass sie auch Prüfungen standhalten muss und das kann sie nur, wenn sie erarbeitet worden ist, sei das analysierend, sei das beschreibend.«

Demnach besäße ich, wie ich in der Auswertung erfuhr, einen ›dynamischen Heimatbegriff‹. Für mich sei Heimat der Ort, die Gegend, in der man aufwuchs und zu der man ein starkes emotionales Verhältnis hat, zum anderen das Ergebnis eines Prozesses der aktiven Aneignung und Auseinandersetzung mit einem Lebensraum.

Station F – Frankreich
Während des Kalten Krieges gingen meine Reisen weiter in die Länder der westlichen Hemisphäre, immer wieder in das benachbarte Frankreich. Nicht nur die granitene, inzwischen mit Gülle aufgefüllte Bretagne, nicht die grüne, inzwischen nukleare Normandie, nicht das weinselige, inzwischen mit Gasen verseuchte Burgund, nicht das nach Abenteuer duftende alte Paris des Faubourg-Saint-Martin, seiner *bistrots*, die morgens mit ihren *grand cafés au lait, croissants und gauloises* nur auf mich zu warten schienen, durchwanderte und bewunderte ich. Nein, eines Tages fand ich eine neue Heimat auf dem Lande, irgendwo in der tiefen ostfranzösischen Provinz, im ehemaligen Barrois, dem heutigen Département Meuse, dem westlichen Teil der Region Lothringen. *La Lorraine*, anders geschrieben: *Ma Lor-reine*, meine Königin. Ein altes Haus, einen großen Garten hat sie mir vermacht, geliehen, die Lehnsherrin. *Un petit coin de paradis!*

Bin ich nicht doch ins Schwärmen geraten? Ist die Wahrheit nicht auch die, dass sich nordöstlich meiner *habitation secondaire*, der Zweitwohnung, das Kernkraftwerk Cattenom, Moselle, breitgemacht hat und seitdem anstößig auf das Drei-Länder-Eck einwirkt? Die Wahrheit nicht auch die, dass im Département Meuse eine sogenannte Versuchsstation für die Einlagerung von angeblich gering strahlendem Atommüll als *laboratoire* eingeschleust wurde? Dies in Bure bei Bar-le-Duc. Dafür ist *Monsieur le Maire* geehrt und seine Gemeinde mit neuer öffentlicher Anlage versehen worden. *Quel drôle de vie et de mort!*

Exkurs
Längst bin ich also dazwischengeraten, zwischen die Fronten, *die frontières*, die zwar noch Grenzen sind, aber in einem subtileren Sinne »aufgehoben«.

Dieses »zwischen« ruft wörtlich ein Zwischendasein innerhalb zweier Positionen hervor. Betrachten wir die beiden Positionen, die einerseits das Deutsche, andererseits das Französische einnimmt näher, um das Pendler-Dasein des Autors auszudrücken:

Im Deutschen ruft das »zw« am Wortanfang von »zwischen« ohne weiteres die Zwei hervor, »zwiefach« (doppelt), »Zwietracht« (Gegensatz zur Eintracht), »Zwist« (Streit, entzwei, auseinander), »Zwirn« (zweidrähtiger Faden), »Zweifel« (unschlüssig, geteilten Sinnes sein). Schließlich – sagt der kluge Wortausdeuter Friedrich Kluge – entstand »zwischen« aus der im Mittelhochdeutschen verkürzten Formel *in, under, zwisc* (zweifach) und besagt: »in der Mitte von beiden«.

Nun sei der Sprung ins Französische gewagt! Bereits das oben zitierte »under«, im Althochdeutschen *untar*, lässt eine Verwandtschaft mit dem *entre* (»zwischen«) erahnen. Da aber »erahnen« eine Vorstufe des Wissens ist, sei es näher beleuchtet: *entre* lässt sich auf das lateinische *inter* zurückführen und hat im Alt- und Mittelfranzösischen zahlreiche Komposita gebildet, wie *inter-prète*, »Übersetzer«, oder wie *intér-êt*, »Interesse«, »dazwischen sein«, »ein Zwischendasein führen«.

Dazwischen: der Autor
Demzufolge wäre der Autor zwischen zwei Ländern mit verschiedenen Sprachen, wie dem Deutschen und dem Französischen, ein Über-setzer. Indem er hin und her pendelt, tut er

das, was im Französischen *se balancer* heißt. Er lebt ständig auf einer Art Waage oder Schaukel und versucht sein Gleichgewicht zu erhalten oder herzustellen. Das geht nicht ohne stete Anstrengung. Aber seine Neugier nach neuen Horizonten und sein Mut, das Sichere und Bekannte zugunsten des Gewagten und Fremden aufzugeben, treibt ihn dazu an.

Solange Leib und Seele zusammenhalten und nicht »twisten«. Nun zu meinem Fall: damit Leib und Seele zusammenhalten, beziehe ich mich als Autor auf meine deutsche Muttersprache, die auch meine Vatersprache ist. So schreibe ich seit Jahren auf Deutsch für deutschsprachige Hörer und Leser. Die Themen meiner Texte finde ich in französischen Quellen oder da, wohin ich ständig meinen Blickkreis erweitere: im provinziellen Alltag Deutschlands, besonders dem Frankreichs, der *France profonde*, im Allgemeinen Gedächtnis, dem *patrimoine*, in den täglichen Nachrichten, den *actualités*, in der Tageszeitung *Est-Républicain*, schon mal in der *TF 1*, dem französischen Staatsfernsehen, das nun ohne *pub, publicité*, »Reklame«, auskommen muss, und, wie die satirische Wochenzeitung *Le Canard enchaîné* neulich bedauerte, dadurch die abendliche Pause, in der die Kinder zu Bett gebracht werden müssen, leider ausfällt oder die ebenfalls fehlende Pinkel-Pause, *pipi*, den Druck auf die Blase der Zuschauer so verstärkt, dass es deren Gesundheit gefährdet!

Schreiben für deutsche Leser, ja!

Aber das geht nicht ohne umfangreiche Kenntnisse der ›fremden‹ Sprache. Als Autor, der zudem in einem kleinen Dorf wohnt, in dem das »Guten Tag!« des Schülers Loudovic Lemoine auf Deutsch bei Umstehenden schon Bewunderung hervor ruft, muss ich *la pelle*, die »Schaufel«, von *la selle*, dem »Sattel«, *le billet*, den »Geldschein«, von *le billot*, dem »Holzklotz«, und *la literie*, die »Bettwaren«, von la *litière*, der »Streu«, unterscheiden können. Sonst wären keine Kontakte möglich. Und die sind für mich als Autor nötig.

Schreiben für deutsch-lothringische Leser?

Mit einer erweiterten Frage: Oder schreiben für Leser der ostlothringischen Region, in der nur noch die ältere Generation Deutsch versteht und spricht und die Jüngeren aus schierer Notwendigkeit, eine Arbeitsstelle zu finden, dem Pariser Sprachdiktat längst Folge geleistet haben?

Diese Leserschaft ist auf dem Rückzug.

Und für französische Leser?

Eher: nein! Selbst wenn der Autor über gute französische Sprachkenntnisse verfügt, ist das Schreiben in einer Fremdsprache ein eigener künstlerischer Vorgang, kein mechanischer, denn die Unter- und Nebentöne der Muttersprache, ihr kultureller Hintergrund, lassen sich nicht einfach übersetzen. Sprache ist mehr als ein Geflecht aus Lettern.

Dazu muss dem Autor im Ausland, sozusagen, eine neue Haut erwachsen. Denken Sie an das Beispiel von Samuel Beckett, der in Paris auf Französisch anders zu schreiben begann, als er es bisher auf Englisch tat. Er verwendete dazu andere Bausteine, die er erst sammeln musste.

Als einfache Form, aus diesem Dilemma herauszukommen, gilt eine Übersetzung aus fremder Hand. Doch dazu bedarf es im Einzelfall einer glücklichen Hand.

Es genügt eben nicht, sich im fremden Alltag umgangs- oder schriftsprachlich verstehend bewegen zu können. Obwohl »verstehen«, *fir-stan* im Althochdeutschen, ein Dazwischen-Sein nahelegt, gehört zum Übersetzen ein zweiter Vorgang: der einer neuen vermittelnden Tätigkeit, nämlich einer Rück-Übersetzung in die Sprache dessen, der verstehen soll. Aus der Passivität erwächst eine Aktivität.

Und Europa?

Deutsch als Fremdsprache ist in französischen Schulen auf dem Rückzug, selbst in unserer Region. Ihm werden Englisch und Spanisch vorgezogen. Das erfordern schon die neuen, weltweiten Kommunikations-Techniken. Die eigentliche Lingua franca, einst das Französische, hervorgegangen aus dem Fränkisch-Lateinischen, ist zum Englischen hin abgewandert.

Obwohl die Barrieren der politischen Grenze abgesenkt worden sind, bleibt die Grenze in der Gestalt einer Sprachgrenze weiterhin bestehen. Allerdings scheint sie auf der nationalen Plattform zu verharren und stellt für unsere Nachfahren eine dringend zu lösende Aufgabe dar.

Die Lösung dieser Aufgabe im Hinblick auf eine verwirklichte Europäische Union – zum Troste sei's gesagt – hat vielerorts begonnen: so gibt es den Luxemburger Weg, bei dem, im frühkindlichen Alter beginnend, neben Luxemburgisch ebenso Französisch und Deutsch (sowie Englisch) gelehrt werden. Diese oder eine andere Mehrsprachigkeit könnte für die Staaten Europas zum Vorbild werden. Vor allem, wenn diese Chance, die zum Beispiel in Immigranten-Familien durchaus vorhanden ist, sprachen-lernend ergriffen wird. Dazu bedarf es jedoch auch einer Förderung von Seiten des Staates, mehr als bisher.

Leider ist die Wirklichkeit auch hier keine *réalité en rose*, sondern, wie Monika Griefahn in der NG/FH 12/2008 über die Kulturagenda berichtet:

»Dort wird in 32 Punkten festgestellt, warum Kultur wichtig ist. Es folgen weitere 82 Punkte mit konkreten Aufforderungen an die Europäische Kommission. Abgesehen davon, dass die (...) verdrängte Frage der Finanzierung gemeinsam verantworteter europäischer Kultur fast schamhaft an 49. und 70. Stelle erwähnt wird, erweckt der vom Parlament verabschiedete Text eher den Eindruck einer Addition von Einzelwünschen als den, das Ergebnis einer mit Schwerpunkten und Prioritäten geführten Diskussion zu sein (...) und ist in gewisser Weise ein Spiegelbild der Unübersichtlichkeit, Unstrukturiertheit und Verwirrtheit, des oft unvermittelten Nebeneinander der europäischen Kulturverhältnisse.«

Lassen Sie mich schließen mit dem Satz eines klassischen »Dualisten«, dem heiligen Augustinus:
»Verzweifle nicht, einer der Diebe wurde erlöst!
Frohlocke nicht, einer der Diebe wurde gehängt!«

Dieser Text wurde als Vortrag gehalten beim Kolloquium des Literaturarchivs Saar-Lor-Lux-Elsass der Universität des Saarlandes am 20. Januar 2009.

* * *

Klaus Bernarding im Conte Verlag

Klaus Bernarding
Lothringer Passagen

21 Tagesreisen
durch Ostfrankreich

ISBN 978-3-936950-65-6
372 Seiten, engl. Broschur
zahlreiche Abbildungen und Pläne
19,90 €

Klaus Bernarding
Lothringer Passagen 2

Zwischen Mosel, Maas
und Marne – 21 weitere
Tagesreisen in Ostfrankreich

ISBN 978-3-936950-88-5
330 S., Klappenbroschur
mit zahlr. Abbildungen, Karten,
Serviceteilen, Register
19,90 €

»Lothringen gilt vielen Deutschen noch immer als unattraktive Industriegegend. Der saarländische Schriftsteller räumt mit diesem Vorurteil auf. Eine literarische Liebeserklärung an die geschichtsträchtige Region.« Rheinischer Merkur

Lothringen im Conte Verlag

Hans Emmerling

In einem nahen Land

Lothringen –
Skizzen und Notizen

ISBN 978-3-936950-84-7
278 Seiten, Paperback, Abbildungen
17,90 €

Madame de Staël bricht im November 1803 mit Kindern, Personal und ihrem Liebhaber Benjamin Constant nach Deutschland auf. Hans Emmerling begleitet in Ein Capriccio eine der klügsten Frauen ihrer Zeit über die Zwischenstation in Metz über Saarbrücken nach Homburg. Zehn Jahre danach wird ihr großes Buch De l'Allemagne erscheinen.

In 15 Kapiteln berichtet Emmerling von den Spuren großer Menschen und berühmter Ereignisse, denen er gefolgt ist. Ein reicher Wissensschatz und die Neugier führten ihn zu unentdeckten und vergessenen Schätzen. Voltaire, Rossini, Franz Marc, Ernst Jünger, Abbé Grégoire, Alfred Döblin u.v.m. treten auf vor dem Hintergrund der bewegten und blutigen Geschichte Lothringens.

Hans Emmerling, 1932 in Ravensburg geboren, studierte Literatur-, Theater- und Musikwissenschaften in Tübingen und München. Promotion in Saarbrücken. Er ist Autor zahlreicher Fernsehdokumentationen über Kunst und Kultur Frankreichs und Europas.